KB053239

신냉전에서
살아남기

신냉전에서
살아남기

한국의 외교적 자율성을 위한
12가지 질문

최용섭 지음

민지북스

차례

한국의 외교적 자율성 회복을 꿈꾸며

한국이 선진국 반열에 들어선 이유를 여럿 들 수 있지만 그중 하나로 꼽을 수 있는 것이 한국전쟁 이후로 미국과 긴밀한 동맹 관계를 형성해왔다는 점이다. 초강대국 미국의 지원을 받으며 군사적으로는 북한의 위협으로부터 영토를 지켜낼 수 있었고, 경제적으로는 수출을 통해 급격한 경제성장을 이루어낼 수 있었다. 그러나 지금 한국에 안전보장과 막대한 부를 가져다준 한미동맹이 오히려 한국의 미래를 불안하게 하고 있다. 미국과 중국의 패권 경쟁이 한국의 외교적 자율성을 크게 제약하고 있기 때문이다.

본질적으로 동맹에는 안보와 자율성 사이의 상충관계가 존재한다. 즉 동맹을 통한 안보협력으로 자국의 안보를 강화할 수 있지만 동맹을 맺음으로써 자국의 정책, 특히 대외정책의 자율성에서 제약을 받을 수밖에 없는 것이다. 한미동맹 역시 이러한 상충관계가 존재한다. 따라서 한국은 미국과의 동맹을 통해 안보를 강화할 수 있지만 외교적 자율성은 어느 정도 제한적일 수밖에 없다.

안보와 자율성 사이의 딜레마 가운데 특히 미중 패권 경쟁하에서의 한국의 선택과 관련하여 방기와 연루의 딜레마가 있다. 여기서 '방기abandonment'는 동맹국을 버리는 것을 의미하며, '연루entrapment'는 동맹관계로 인해 원하지 않은 국제 갈등이나 분쟁에 휘말리는 것을 의미한다. 방기의 위험과 연루의 위험은 서로 반비례하는 경향이 있으며, 이는 동맹에서의 안보 딜레마를 야기한다. 즉 방기의 위험을 줄이는 정책은 연루의 위험을, 연루의 위험을 줄이는 정책은 방기의 위험을 높이는 경향이 있는 것이다.

한미동맹은 비대칭적 동맹이다. 동등한 지위에서 서로의 요구사항을 주고받는 관계가 아닌 것이다. 북한이라는 존재와 양국의 현격한 군사력 차이 등으로 인해 주로 미국의 전략적 고려에 따라 한미동맹의 양상이 결정된다. 그런 점을 고려해 방기와 연루의 딜레마를 미중 패권 경쟁하의 한국 상황에 적용해보면 한국은 미국이라는 동맹국으로부터 버려지는 것을 막기 위해 미중 패권 경쟁에 연루될 위험에 처해 있다고 할 수 있다.

냉전 이후 미국은 한미동맹을 한반도에 국한하기보다 지역 차원으로 확대하기를 원했다. 2000년대 초 워싱턴은 주한미군의 전략적 유연성strategic flexibility을 촉구하면서 한국 정부가 관련 내용들에 합의해주기를 지속적으로 요청했다. 이에 한국은 최악의 경우

신냉전에서 살아남기

원하지 않은 무력 분쟁—당시에는 중동 국가와의 무력 분쟁—에 휘말릴 수 있다는 점 때문에 계속해서 확답을 미루었다. 하지만 결국 '유사시 한국 정부의 동의를 얻어야 한다'는 조건을 달아 합의했다.

미국의 전 세계적 차원의 전략적 고려에서 현재 가장 중요한 요소는 중국이다. 따라서 한미동맹은 미중 관계, 특히 미국의 대중국 군사전략 변화에 지대한 영향을 받고 있다. 이제 북한만이 아니라 중국을 견제하는 동맹으로 전환될 것을 요구받고 있는 것이다. 특히 한국은 중국과의 지리적 근접성, 즉 베이징, 상하이 같은 중국 중심부와의 근접성으로 인해 미국의 대중국 군사적 견제에 핵심적인 역할을 맡도록 압력을 받고 있다. 한국 정부의 외교적 자율성이 점증하는 미국의 압력에 상당한 정도로 침해받고 있는 것이다. 이 책의 도입부에서는 이와 관련하여 최근 들어 더욱 두드러진 미국의 압력으로 인해 한국 정부가 어떤 외교 및 군사 정책을 수행하도록 요구받았는지 설명한다. 한국 정부가 전략적으로 실기한 대부분의 외교정책, 예컨대 한일 간 위안부 협정이나 사드 배치 등도 실은 미국의 압력으로 벌어진 일이다.

오늘날 중국 견제를 위한 미국의 동아시아 정책의 핵심 파트너는 일본이다. 다분히 극우적인 일본의 자민당 정부는 미국과 '중국 견제'라는 공통의 목적을 내세우면서 안보 대국화를 꿈꾸고 있다. 미국도 그에 맞추어 한미동맹을 미일동맹의 하부구조화하려고 하고 있다. 본문에서는 그러한 과정에서 미국이 한국에게 과거사 문제는 덮어두고 일본과 군사협력을 강화하도록 종용하고 있으며, 일본은 미국의 지지하에 과거사 문제와 관련하여 경제 보복 등을 통해 한국 정부에 압력을 행사하는 것을 서슴지 않고 있음을 설명한다.

한편 한국의 외교적 자율성 제약의 근본 원인은 북한 문제이다. 많은 외국 학자와 정책결정자가 한국을 북한에 납치된 '인질'이라고 표현하는 것도 한국 정부가 북한 문제로 미국으로부터 자유롭지 못하다고 여기기 때문이다. 한국은 지금까지 북한 문제를 해결하기 위해 일본, 중국 등 주변국과의 관계를 중시해왔다. 그러나 분단 당사자가 아닌 일본과 중국으로부터 큰 도움을 기대하는 것은 부질없는 행위이다. 그들은 한국을 위해서도, 북한을 위해서도, 나아가 동아시아의 평화를 위해서도 아닌 자국의 국가 이익을 위해서만 행동하기 때문이다. 물론 여기서 국가 이익이라 함은 그들 국가의 '집권자들의 이익'을 말한다.

국내적으로는 북한 문제 해결을 위해 어떤 모습을 보이고 있는가? 유감스럽게도 한국 사회는 북한을 어떻게 바라보고 북한 문제를 어떤 방식으로 해결할 것인가를 두고 둘로 나뉘어 있다. 북한 문제 해결이 어려운 이유 중의 하나도 이렇게 한국 사회가 여전히 대북정책을 두고 분열되어 있기 때문이다. 책에서는 이러한 상황을 이탈리아의 사상가 안토니오 그람시Antonio Gramsci가 제시했던 '헤게모니', '역사적 블록' 등의 개념들을 통해 설명한다.

북한 문제의 본격적인 해결을 위해서는 무엇보다 지금의 북한에 대한 충실한 이해가 필요하다. 그러한 바탕 위에서만 한국은 북한 문제의 해결을 위한 주도권^{initiative}을 가질 수 있다. 그리고 북한 문제 해결에서 주도권을 가지는 것이야말로 한국의 외교적 자율성 획득의 첫 단계라고 할 수 있다.

미국을 포함한 외국은 북한 핵·미사일 같은 군사적 측면에는 신경을 곤두세우면서도 현재 북한 사회가 어떠한 변화를 겪고 있는지에 대해서는 관심이 크지 않다. 핵 협상에 임하는 북한 집권자들의 진정한 의도를 알기 위해서라도 개혁개방에 대한 그들의 진정성을 파악하는 것이 반드시 필요하다. 즉 오늘날 북한 사회의 변화를 파악하는 것은 미래의 한반도 모습을 설계하는 데 매우 중요하다. 본문에서 필자는 북한 사회의 변화를 설명하고, 그에 기반하여 한반도 평화와 공동 번영을 이루기 위한 '평화경제공동체'를 제안한다(평화경제공동체를 이루어내는 과정에서 〔그람시의 역사적 블록을 한반도 상황에 적용한〕 분단블록은 경제협력을 통해 평화블록으로 바뀌어간다). 또한 기존의 경제협력 방식과 구별되는, 즉 북한 경제뿐 아니라 한국 경제에도 실질적인 도움을 주는 남북경협 방식인 B2B 플랫폼을 통한 경제협력 방안을 제안한다.

현 시기 우리는 북한 문제 해결을 미국 등 외국에 의존하고 있다. 하지만 미국을 포함한 주변국들이 현상 유지를 선호하는 상황에서 이러한 방식을 통한 문제 해결은 요원하기만 하다. 북한 문제는 우리가 주도권을 쥐고 적극적으로 나설 때에만 해결할 수 있다. 이를 위해 이 책에서 제시하는 것과 같은 다양한 아이디어

가 필요하다. 그리고 그러한 아이디어들이 열매를 맺어 한반도의
항구적 평화와 공동 번영, 나아가 통일이 이루어질 때 한국은 진
정 외교적으로 자율적인 국가가 될 수 있다.

신냉전에서 살아남기

1장

미국은 왜
일본 편을 들까?

2015년 미 국무부 정무차관 웬디 셔먼^{Wendy Sherman}(현 바이든 행정부 국무부 부장관)은 일본군위안부 문제를 두고 워싱턴DC의 카네기국제연구원 세미나에서 다음의 내용이 포함된 연설을 한다.

이 모든 게 이해할 수 있지만, 당황스럽기도 하다. (···) 민족주의적 감정은 악용될 수 있으며, 어떤 나라의 정치 지도자라도 이전의 적국을 비난하면서 값싼 갈채를 받을 수 있다. 그러나 그러한 도발은 지역 협력에 진전이 아닌 마비^{paralysis}를 초래한다.

2010년대 중반 워싱턴의 기류는 이미 일본이 위안부 문제와 관련하여 사과를 했음에도 한국이 계속해서 딴지를 걸며 문제 해결을 원하지 않는다는 판단을 하고 있었다. 과거에는 이런 주장을 주로 미국의 극우단체나 일본과 밀접하게 연관되어 있는 단체들에서 했는데 이제는 미국 정부, 그것도 민주당 정부의 국무부에서 공개적으로 한 것이다. 한국 정부는 큰 충격을 받았다.

불과 그 몇 년 전만 해도 상황은 전혀 달랐다. 2007년 7월 31일 미 하원은 2차대전 당시의 위안부 강제 동원과 관련하여 만장일치로 일본 정부에 공식적이고 분명한 시인과 사과, 역사적 책임을 요구하는 결의안을 채택했다. 구체적으로, 결의안은 위안부 강제 동원을 20세기 최대 인신매매 사건의 하나로 규정하고, 일본의 새 교과서가 위안부 문제와 일본의 다른 전쟁범죄를 축소하려 한다고 비판했다. 그러면서 일본 군대가 강제로 어린 여성들을 '위안부'로 알려진 성노예로 만든 사실에 대해 확실하고 분명하게 공식 인정 및 사과하고 역사적 책임을 질 것, 일본의 위안부 강제 동원을 부인하는 주장에 대해 일본 정부가 공개적으로 반박할 것 등을 요구했다. 또한 일본 정부의 위안부 시인 및 사과 방법과 관련해서는 피해국들로부터 진실성에 대한 의혹이 완전히 해소되도록 총리가 공식 성명을 통해 발표할 것을 권고했다. 톰 랜토스 Tom Lantos 하원 외교위원장은 "역사를 왜곡, 부인하고 희생자들을 탓하는 장난을 일삼는" 일본 일부 인사들의 기도는 "구역질 나는 일"이라고까지 비난했다.

미국은 2010년대 초반까지도 위안부 문제에 대해 한국의 의견을 확고하게 지지하면서 일본과 외교 갈등을 빚기도 했다. 예컨대

　　　　　　　　　　　신냉전에서 살아남기

2012년 7월 힐러리 클린턴^{Hillary Clinton} 미 국무장관은 국무부 보고서에 '위안부^{comfort women}' 대신 '강제적 성노예^{enforced sex slaves}'라는 표현을 써야 한다고 지시했으며, 당시 국무부 부대변인이었던 패트릭 벤트렐^{Patrick Ventrell}도 정례 브리핑에서 "2차대전 당시 이들에게 일어난 일은 매우 비참했고, 미국 정부의 공식 입장은 이를 '심각한 인권 위반'으로 인식한다"고 밝혔다. 이에 대해 겐바 고이치로^{玄葉光一郎} 일본 외무상은 미국에게 "그 표현은 틀린 표현이라고 말하겠다"면서, 미국은 물론 다른 국가들도 틀린 표현인 성노예라는 단어를 쓸 수 있다며 매우 우려했다.

　그렇다면 일본군위안부 문제에 대한 미국의 입장은 어떤 이유로 2010년대 초반과 중반의 짧은 기간 동안 급격하게 바뀐 것일까? 무엇보다도 그 몇 년 사이에 미국의 동아시아 정책이 전면적으로 수정된 이유가 크다.

미국의 새로운 동아시아 정책 ＿＿＿＿

버락 오바마^{Barack Obama}는 미국 대통령으로선 처음으로 취임 첫해(2009년)에 중국을 방문했다. 그는 중국과의 협력을 중시한다는 걸 대내외에 알리며, 미국은 결코 중국의 부상을 봉쇄하지 않을 것이라는 '전략적 재확인^{strategic reassurance}'을 강조했다. 2010년 발표된 〈4개년 국방보고서^{QDR, Quandrennial Defense Review}〉에서도 미국 국방정책의 중심은 아프가니스탄 및 이라크 지역에서의 대테러 작전과 안정화였다. 아시아와 관련해서는 기존 정책의 틀을 그

대로 유지하면서 특별한 변화를 주지 않았다. 중국에 대해서도 적어도 명시적으로는 잠재적 경쟁자 또는 헤게모니 도전국이라는 설정이 드러나지 않았다. 그러나 두 나라의 관계를 전략적 동반자로 조정하려는 실천이 구체적으로 이어지지 않은 데다 세계 금융 위기에 대한 해결 방안을 놓고 양국의 견해차가 점차 부각되면서 아시아 지역, 특히 남중국해와 동중국해를 두고 군사전략적 갈등이 두드러졌다. 그와 함께 중국에 대한 견제 목소리도 점차 미국 안에서 커져갔다.

미국의 대중국 전략의 전환을 알리는 신호가 공식적으로 포착된 것은 2011년 11월이다. 아시아태평양경제협력체APEC, Asia-Pacific Economic Cooperation 회의에 참석한 오바마 대통령은 미국의 외교정책 우선순위를 중동에서 아시아로 옮기는 것이 가장 시급한 사안이라고 말했다. 얼마 후 힐러리 클린턴 국무장관도 외교 잡지 〈포린폴리시Foreign Policy〉에 '미국의 태평양 세기America's Pacific Century'라는 제목의 글을 기고하면서 미국의 외교·군사 정책의 중심을 아시아로 옮기겠다는 '아시아로의 중심축 이동pivot to Asia'을 선언했다. 이는 특히 다음 세 가지가 주요 배경이 되었다. 첫째, 오사마 빈 라덴Osama bin Laden의 죽음을 기점으로 가속화된 알카에다 세력의 약화와 더불어 아프가니스탄과 이라크에서 테러와의 전쟁이 마무리되고 있었다. 중동이 미국에게 더 이상 과거와 같이 중요한 지역이 아니라는 인식이 점차 확산되는 시점에 테러와의 전쟁이 막바지에 접어들자 미국은 가용자원을 다른 곳으로 옮기는 것이 가능해졌다. 둘째, 중국의 급부상이 위협적일 것인가, 평화로울 것인가에 대한 논쟁이 지속되는 가운데 전자의 가능성을 염두에 두고 그에 대한 선제 조치의 필요성이 대두되었다. 여기에는 중국이 남중국해와 동중국해에서 이웃 국가들과 충돌한 일련의 상황이 그 근거로 작용했다. 셋째, 한국, 일본 등 동북아시아의 기존 동맹과 인도 및 동남아시아 국가들과의 새로운 안보협력 관계를 통해 중국을 충분히 견제할 수 있고, 이를 통해 이 지역에서 미국의 영향력을 회복, 강화할 수 있다는 믿음이 있었다(김석우·장숙인, 2016).

미국의 아시아 재균형 전략은 군사적 측면뿐 아니라 외교, 경제, 문화적 측면 등을 포함한다. 하지만 핵심은 역시 군사적인 면이라고 할 수 있다. 이는 2012년 1월, 오바마 대통령이 다름 아닌 국방부 브리핑룸에서 공식적으로 아시아 재균형 전략 지침을 발표한 것에서도 확인할 수 있다. 게다가 재균형 전략의 내용을 살펴보면 주 타깃이 중국이라는 것이 명확히 드러난다.

'균형balance'이라는 단어는 국제정치학에서 특별한 의미를 가진다. 전통적으로 국제정치학에서는 새로운 강대국이 등장할 때 그에 대응하는 대표적인 방안으로 균형과 '편승bandwagon'의 두 가지 선택지를 제시한다. 전자는 새로운 강대국에 대한 세력균형을 도모하려는 시도이고, 후자는 새로운 강대국의 세력 확장에 편승하여 자국의 국가 이익을 최대화하려는 시도라고 할 수 있다. 균형의 방법으로는 무기 개발, 병력 확충 등 스스로의 힘에 의지하는 것과, 다른 국가들과 힘을 모아 공동으로 신흥 강대국을 견제하는 것이 있는데, 가능하다면 대부분 이 둘을 병행한다.

미국의 대중국 전략에 한정해서 살펴보면 실질적으로 '재균형 rebalance'이란 한국전쟁 이후로 1950년대와 1960년대에 중국에 대해 균형 전략을 취했다가, 1970년대 초부터는 소련 견제라는 공동의 목표하에 중국과 화해 협력이 진전되면서 중단되었다가 2010년대에 재개된 상황을 의미한다. 적지 않은 논문이나 기사에서 '아시아 재균형rebalance to Asia'이라는 표현 대신 '대중국 재균형 rebalance to China'이라는 표현을 쓰는 것도 미국의 기대와 달리 많은 이들이 아시아 재균형은 대중국 재균형이 핵심이거나 그 자체로 대중국 재균형을 에두르는 표현이라고 받아들이기 때문이다.

2012년 6월 2일, 싱가포르에서 열린 제11차 아시아 연례안보회의 기조연설에서 리언 패네타Leon Panetta 미 국방장관은 새로운 국방 전략으로서의 아시아 재균형 전략에 대해 발표했다. 2020년까지 미군의 전체 함정 가운데 아시아태평양 지역에 배치되는 비율을 현재의 50%에서 60%로 높이고, 이 지역에서 상시 작전을 수행할 수 있는 항공모함 6척을 운영하며, 군함 30척을 추가 파견하겠다는 내용이었다. 또한 미국의 기존 동맹국들(한국, 일본, 호주, 필리핀, 태국)과 군사협력을 강화하고, 여기에 더해 아시아태평양 지역의 다른 국가들과도 새로운 전략적 협력 관계를 수립할 것이라고 밝혔다. 실제로 2012년 이후 미국은 인도와 아세안 국가들에 무기 판매를 급속히 늘리면서 중국과 인접하거나 영토 분쟁을

신냉전에서 살아남기

겪는 국가들에 대해 군사적 협력과 지원을 강화하고 있다. 즉 미국은 재균형 전략의 구체적인 실천에서 앞서 말한 두 가지 방법, 스스로의 힘에 의지하거나 다른 국가들과 힘을 모아 공동으로 대응하는 방법을 병행하며 본격적으로 중국을 견제하는 길을 택한 것이다. 특히 후자의 방법, 구체적으로 대중국 균형을 위한 일본과의 협력은 동아시아 국제정치에 커다란 변동을 초래했다. 이에 대해 좀 더 상세하게 살펴보자.

허브앤스포크에서 한미일 삼각동맹으로 _____

1-1 그림에서 볼 수 있듯 허브앤스포크 체제에서 스포크^{Spoke}는 자전거의 바퀴살을, 허브^{Hub}는 바퀴살들이 모두 모이는 축을 의미한다. 이는 일반적으로 물류, 항공, 교통 등에서 모든 거점이 한곳으로 통하도록 관리하는 체계를 가리킬 때 사용한다. 그에 비해 동아시아 국제정치를 설명할 때 허브앤스포크 (동맹) 체제는 미국을 축으로, 미국의 동맹국들을 바퀴살로 하여 각각의 동맹국들이 미국과 직접 연결되는 체계를 뜻한다. 이는 동아시아에서 미국이 일본을 주요 동맹 파트너로 삼아 소련과 중국의 공산주의 세력을 견제한다는 샌프란시스코 체제의 구체적 실행 전략이라고 할 수 있다. 미국은 한국전쟁 시기와 그 직후에 한국, 일본, 대만과 동맹을 맺어 동아시아에서 허브앤스포크 체제를 완성했다.

샌프란시스코 체제의 기원은 한국전쟁이 한창이던 1951년 9월 8일 미국 샌프란시스코에서 48개국이 서명하여 체결된 샌프란시

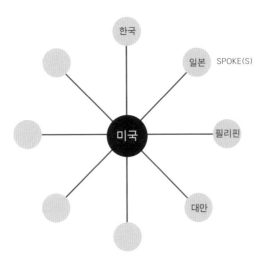

1-1 허브앤스포크 (동맹) 체제. 미국은 동아시아 동맹국과 대만에 대해 나토와 같은 집단안보 체제가 아닌 허브앤스포크 방식의 양자 간 동맹 체제를 구축했다.

스코강화조약(대일강화조약)이다. 미국은 이를 통해 동아시아에서 공산주의 확산을 막는 핵심 국가로 일본을 공식화하면서 일본에 최대의 성의를 보였다. 일본 또한 여기에 적극적으로 호응하며 자국의 이익을 극대화했다. 한국은 일본과 전쟁을 벌인 당사자가 아니라 오히려 식민 지배를 받으며 일본과 함께 싸웠다는 논리로 조약 참가국에서 제외되었다(막대한 배상금 지불을 두려워한 요시다 시게루古田茂 일본 총리가 미국 측에 치열하게 로비를 벌여 애초 들어 있던 조약 참가국 명단에서 한국을 빼냈던 것이다). 그 결과 한국은 전시 '손해 및 고통'에 대한 배상청구권을 향유할 수 없게 되었다

신냉전에서 살아남기

(이후 한국은 일본과 1965년 한일협정을 맺으면서 '공식적 사과 및 그에 따른〔막대한〕배상'이 아닌 청구권 3억 달러와 경제차관 3억 달러를 받는 것으로 식민 지배 피해 처리를 마무리했다).

허브앤스포크 체제하에서 미국의 동아시아 동맹국들은 미국과 긴밀하게 연결되어 있으나 동맹국들 간의 안보적 측면에서는 상호 협력을 할 의무가 없다. 이 체제는 냉전 시기뿐만 아니라 냉전 이후에도 미국이 동아시아에서 실질적 헤게모니 국가의 역할을 하는 데 중요한 제도적 기반을 제공했다. 미국은 이를 통해 다자간 동맹에 비해 훨씬 깊숙이 동맹국들의 내정에 개입할 수 있었다. 미국은 공산주의 세력의 확장을 막는 방편으로 동맹국들의 경제성장과 정치 안정을 위해 각국의 경제정책과 정치에 간여했다. 또한 안보 능력을 확충하고, 동맹국들 사이의 무력 충돌을 막기 위해, 그리고 전 세계적 규모에서의 핵·미사일 확산을 방지하기 위해 각국의 안보정책에도 깊숙이 간여했다. 특히 샌프란시스코 체제의 핵심 국가인 일본에 대해서는 안보우산을 제공함으로써 일본의 국력이 경제발전에 집중되도록 유도하면서 일본 사회에서 다시 군국주의가 부상하지 않도록 신중한 주의를 기울였다.

빅터 차$^{Victor\ Cha}$에 따르면, 2차대전 이후 미국은 세 가지 목표를 가지고 동아시아 정책을 추진했다. 첫째, 동아시아에서 공산주의가 확산되는 것과 동아시아 국가들이 공산화되는 것을 막는다. 둘째, 동아시아 동맹국들로 인해 미국이 소련이나 중국과의 분쟁에 연루되는 상황을 미리 방지한다. 셋째, 일본 군국주의의 부활을 막는다(Cha, 2017). 그리고 허브앤스포크 체제는 미국이 이 세 가지 목적을 성공적으로 달성하는 데 중요한 역할을 했다.

미국의 아시아 재균형 전략은 동아시아에서 기존의 허브앤스포크 체제를 한미일 삼각동맹 체제로 바꾸는 것을 목표로 진행되고 있다. 이러한 시도를 본격화한 것이 2012년 6월의 한미 외교국방장관회담과 2013년 10월의 미일 외교국방장관회담이다. 미국은 이 두 회담을 통해 '현재 및 부상하는 위협'에 북한과 중국을 포함시킴으로써 한미동맹과 미일동맹의 위협 인식을 일치화하려고 했다. 한미일동맹 네트워크의 확대는 기존 허브앤스포크 체제에 비해 동맹국들과 군사자산을 통합함으로써 규모의 경제를 실현할 수 있는 등 국방 예산에 대한 미국의 부담을 감소시킬 수 있다. 또한 대중국 견제 또는 봉쇄에도 보다 효과적인 협력이 가능하다. 나아가 동아시아와 서아시아, 중앙아시아를 거쳐 유럽으로도 확장할 수 있다. 이러한 연계망network을 통해 범세계적 수준의 '미국 중심의 안보 메커니즘'을 형성할 수 있기 때문이다(남창희·이원우, 2011).

한국이 한미일 군사정보 공유에 참여한 것도 이 같은 흐름의 일환이다. 이명박 정부에서 추진되었던 한일 군사정보보호협정 GSOMIA, General Security of Military Information Agreement은 국내 여론의 반발로 체결 50분 전에 무산된 후 수면 아래 잠겨 있었다. 하지만 미국은 한미일 삼각동맹 구축 추진에 한국과 일본의 군사정보 공유는 필수적이라고 판단했다. 이에 상대적으로 한국 내 반발이 적은 한미일 군사정보 공유 양해각서를 먼저 체결하고, 이후 미국의 중재로 한일 군사정보보호협정을 맺는 방식을 추진했다. 그에 따라 2014년 3월, 오바마 대통령은 헤이그에서 열린 한미일 정상회담에서 한미일 군사정보 공유 양해각서의 체결을 제안했다. 다음 달인 4월 말 열린 한미 정상회담에서는 관련 내용을 보다 구체화했다.

정상회담 직후 한국과 미국은 "북한의 핵과 미사일 위협에 대비하기 위하여, 포괄적이고 협력적인 대응을 위한 한미일 정보 공유의 중요성에 공감한다"는 내용을 공동성명서에 담았다. 한미일 군사정보 공유 양해각서는 국회 비준을 피하기 위해 '조약'이 아닌 '약정'의 형태를 취했고, 그해 12월 체결되었다. 2014년 초는 (2장에서 살펴보겠지만) 미국에서 한국에 사드를 배치하는 문제가 본격적으로 논의되기 시작한 시점이었던 만큼 미국은 이를 위해 필수적인 한미일 군사정보 공유를 적극적으로 밀어붙였다. 이후 한국과 일본 사이의 군사정보보호협정은 미국의 중재하에 사드 배치가 결정된 뒤인 2016년 10월 재추진하기로 전격 발표되었고, 일사천리로 진행되어 11월 23일 체결되었다.

높아진 일본의 위상 _____

일본은 미국의 재균형 전략에 매우 능동적으로 편승하면서 국제적 영향력 강화와 함께 보통국가normal state화를 추구하고 있다. 미국과 일본은 2013년 10월 미일 외교국방장관회담에서 기존의 미일안보가이드라인을 개정하기로 합의했다. 이후 약 18개월의 협의를 거친 뒤 양국 정상은 2015년 4월 29일 미일 정상회담에서 개정된 미일안보가이드라인을 공식 발표했다. 양국은 미군과 자위대의 협력 및 역할 분담을 새로 규정하면서, 중국의 부상에 대한 견제와 전 지구적 차원의 안보협력에 합의했다. 특히 센카쿠/댜오위다오열도와 남중국해 분쟁, 한반도 유사시 중국의 영향력 견제의 목적을 명확히 했다(이기완, 2015). 북한의 핵실험과 미사일 발사로 초래된 안보 불안을 해소한다는 명분으로 군사력 현대화와 보통국가화를 추구했던 일본은 마침내 새로운 미일안보가이드라인을 통해 중국 견제라는 공통의 이해관계를 바탕으로 미국으로부터 공식적으로 자위권을 인정받았다고 할 수 있다.

오바마 행정부는 미일동맹 강화 과정에서 한미일 삼각동맹 체제의 중심은 한미 관계가 아니라 미일 관계라는 것을 명확히 했다. 그 시기가 한국에서 미국과의 동맹을 매우 중요시하는 보수주의 정부 때였다는 점을 감안하면 이는 (노무현 정부 동안 한미 양국을 달궜던) 한미 간 불협화음의 결과라기보다는 미국의 전략적 고려에 의한 결정으로 보인다. 이와 관련하여 미국의 의도가 가장 잘 드러난 사례가 한일 과거사 문제에 대한 미국의 극적인 태도 변화라고 할 수 있다.

미국 정부는 아베 총리의 반역사적 행동에 대해 처음에는 한국에 매우 우호적이었다. 하지만 한일동맹 강화가 지지부진하면서 일본이 아닌 한국에 공개적으로 시각 변화를 요구하고 나섰다. 아베 총리의 역사 인식이 어쨌든 대중국 견제에 일본이 전략적으로 도움이 된다고 판단했기 때문이다. 미국과 일본은 기존 미일안보 가이드라인의 개정을 위한 협의를 진행하면서 서로의 요구에 대한 인식과 인정의 폭이 급격히 확대되었다. 개정된 미일안보가이 드라인이 발표된 2015년 4월 즈음에는 미국 내부적으로 일본 정부의 외교 및 안보 정책에 대해 용인한 것으로 보인다.

2015년 2월 웬디 셔먼의 연설 내용이 개인적 소신의 표출이 아 니라는 것은 2014년 2월 한국을 방문한 존 케리^{John Kerry} 미 국무 장관이 "한일 양국은 역사 문제를 뒤로 미루고 한반도 비핵화 등 을 다루자"고 제안한 점, 2015년 4월 애슈턴 카터^{Ashton Carter} 미 국 방장관이 "한미일 협력의 잠재 이익이 과거의 긴장과 현재의 정 치보다 중요하다"고 강조한 점 등에서도 파악할 수 있다. 즉 미국 은 한국에 과거사 문제를 덮을 것을 명시적으로 그리고 지속적으 로 종용했던 것이다. 한일 관계 악화와 관련해서도 미국의 입장은 명확하다. 일본군위안부 피해자에 대한 진심 어린 사과의 결여, 총리를 비롯한 일본 여당 정치인들의 야스쿠니신사 참배, 교과서 왜곡처럼 계속해서 우경화 움직임을 보인 일본이 아닌 한국에 책 임을 물었다.

미국은 2차대전 후 수십 년 동안 샌프란시스코 체제와 그것의 실행 전술이라고 할 수 있는 허브앤스포크 체제를 통해 성공적으 로 동아시아의 안정과 번영을 실현해왔다. 소련과 중국 공산주의 세력의 확산을 막기 위해 일본을 핵심 동맹 파트너로 삼는 체제를 작동했던 것이다. 하지만 현재는 중국의 급부상에 대응하기 위해 일본을 핵심 동맹 파트너로 삼고, 그 실행 전술로 중국에 대한 '균형'에 보다 효과적일 것으로 판단하는 한미일 삼각동맹 체제를 추진하고 있다. 그 과정에서 일본 정부의 우경화와 군사력 증강 방침을 지지하고 있다.

일본은 이제 미국의 지지를 받으며 전쟁할 수 있는 나라로 성큼 다가서고 있는 형국이다. 이는 빅터 차가 말한 2차대전 후 미국의 동아시아 정책의 세 가지 목표 중 하나인 '일본 군국주의의 부활을 막는' 일과 상충되는 정책이다. 과거 미국의 정책 결정자들은 일본 사회에서 군국주의가 부상하지 않도록 신중을 기했다. 하지만 지금은 오히려 평화헌법의 무력화와 강력한 군사력을 주창하는 일본 정부를 지지하는 형국이다.

일본의 우경화 폭주는 중국만이 아닌 미국의 또 다른 동맹국인 한국을 포함한 다른 이웃 국가들과의 충돌을 야기할 수 있다. 그리고 이는 동아시아 지역 안정에 매우 치명적인 결과를 가져올 수 있다. 과거 미국의 동아시아 동맹 정책은 동맹국들이 서로 충돌하는 것을 경계했다. 특히 일본은 가장 강력한 경제력과 군사력을 보유했기 때문에 일본에서 군국주의가 부활할 경우 이웃 국가들뿐 아니라 미국에도 커다란 위협이 될 수 있다고 판단하여 매우 경계했다. 하지만 현재 미국은 중국 견제라는 목표에 너무 몰두한 나머지 성공적이었던 과거의 정책들을 도외시하면서 일본을 무력 분쟁을 일으킬 수 있는 국가로 바꾸려 하고 있다. 역사를 통해 알 수 있듯이 그에 따른 가장 큰 피해는 일본과 바로 인접한 한국이 볼 수밖에 없다. 일본이 한국과 직접적으로 충돌하지 않더라도, 일본과 중국의 무력 충돌은 결국 한국을 분쟁에 끌어들일 수밖에 없기 때문이다.

2장

사드는 정말
국익에 도움이 될까?

박근혜 정부가 2016년 7월 종말단계고고도지역방어체계THAAD. Terminal High Altitude Area Defense(사드)를 배치하기로 결정하면서 국내 외에 많은 반향을 불러일으켰다. 이에 적지 않은 학문적 논의들 이 있었다. 이는 크게 다음의 세 가지로 나눠볼 수 있다. 먼저, 사 드가 북한의 안보 위협으로부터 한국을 보호하는 데 매우 효과적 인 방어 체계라는 점을 강조하는 관점이다. 한국과 미국 정부의 공식적인 견해이자 한국의 보수 언론과 학자들의 주 견해라고 할 수 있다. 이들은 한국 내 사드 배치가 왜 필요한지 설명하고, 사드 배치와 관련하여 한국 사회에서의 소모적인 논쟁을 그만두자고 요구한다. 더불어 중국에는 사드 배치가 북한의 위협에 대처하기 위함이지 결코 중국을 견제하기 위한 것이 아니라는 점을 계속해서 설득하여 중국의 보복을 최소화해야 한다고 주장한다(전일욱, 2016; 박근재, 2016).

다음으로, 한국의 사드 배치를 미국과의 관계에서 보는 시각이다. 사드는 본질적으로 미국이 중국을 견제하기 위한 용도라는 설명이다. 이러한 주장은 사드가 북한의 미사일 공격으로부터 한국을 보호하는 데 효용이 없다는 점을 지적하며 한국에 배치된 사드의 주목적은 대중국용이라고 주장한다. 이러한 견해는 사드 배치로 인해 한국이 북한과 중국의 탄도미사일로부터 미국과 일본을 지켜주는 동북아 MD^{Missile Defense} 체제의 전초기지로 전락할 것을 우려하며 이 때문에 치러야 할 대가의 심각성에 주목한다. 또한 미국의 MD 체제 일부로서 배치되는 사드가 미중 간 지정학적 전략자산의 불균형을 초래하여 동북아 안보에 심각한 장애물이 될 수 있음을 지적한다(고영대, 2015; 김동엽, 2017).

마지막 관점은 사드 배치와 관련하여 국내적 결정 과정, 특히 박근혜 대통령의 선택에 주목한다. 이 견해에 따르면, 시진핑 주석을 포함한 중국 지도부에 대한 박근혜 대통령의 불신, 그리고 북핵 위험에 대한 높은 위기의식 등이 사드 배치를 야기한 주요 원인이다. 예컨대 4차 핵실험으로 북한의 핵·미사일 역량이 임계점을 넘고 중국이 북한을 제어할 능력이 없다는 것이 드러나자 이에 대한 대응으로 박근혜 대통령이 사드 배치를 결정했다는 것이다(김홍규, 2016; 변창구, 2016). 한편 4차 핵실험 후 시진핑 주석이 보인 북핵 관련 비협조에 박근혜 대통령이 분노에 가깝게 실망한 나머지 감정적으로 사드 배치를 결정했다는 주장도 있다(조선일보, 2016). 그러나 박근혜 대통령의 자의적인 판단이었다면, 이후 황교안 대통령 권한 대행 시기에 사드 배치를 전격적으로 밀어붙이지는 않았을 것이다. 나아가 외부적 영향, 즉 미국과의 동맹관계가 사드 배치 결정에 중대한 역할을 하지 않았다면 문재인 정부 시기인 2017년 7월에 임시 배치 형식으로 이전 정부의 결정을 계승하는 선택도 하지 않았을 것이다. 만일 사드 배치가 한국 정부의 독립적 판단 결과였다면, 중국과의 관계 회복에 역점을 두었던 문재인 정부에서 이전 정부의 결정을 쉽게 뒤집었을 수도 있을 거라는 이야기이다.

기실 대부분의 사드 배치 찬성론자 역시 사드로 수도권 방어가 불가능하다는 것을 인정한다. 그러면서도 한미동맹 강화 측면에서 사드 배치의 불가피성을 주장했다. 사드 배치에 대한 연구에서 무엇보다 미국과의 관계, 특히 미국의 아시아 정책에 대한 연구가 중요한 이유이다. 필자는 사드 배치 결정의 원인을 북한의 안보 위협보다는 미국의 아시아 정책에서 찾는다. 이와 관련하여 좀 더 심도 깊은 논의를 위해 먼저 사드가 대북한용인지, 대중국용인지 알아보고, 미국의 재균형 전략에서 사드 배치가 갖는 의의를 살펴보자.

사드는 대북한용인가? _____

2016년 7월 21일 박근혜 대통령은 국가안전보장회의[NSC]를 주재하며 "사드 배치 외에 북한의 미사일 공격으로부터 우리 국민을 보호할 수 있는 방법이 있다면 부디 제시해달라"면서 사드 배치를 둘러싼 논란을 비판하고 그 정당성을 강조했다. 박근혜 정부 발표에 따르면, 기존에 추진해오던 '한국형 미사일 방어 체계 KAMD, Korea Air and Missile Defense'는 저고도 방어(10~15km)를 목적으로 하기 때문에 첫 요격이 실패할 경우 다른 방법이 없었다. 그에 비해 사드는 중고도 방어(40~150km)를 목적으로 하기 때문에 북한 미사일 공격에 중첩 방어를 할 수 있고, 따라서 군사적으로 확실한 유용성을 제공할 수 있다고 주장한다(변창구, 2016). 하지만 많은 전문가가 이에 대해 의문을 제기한다. 사드의 실제 효용성에 상당한 한계가 있다는 것이다.

예컨대 사드로 북한의 단거리 탄도미사일을 요격하기란 쉽지 않다. KN-02(북한명 '화성 11호')는 사드가 요격 가능한 고도 이하로 비행하며, 스커드 B나 C의 경우도 북한 지역 후방에서 각도를 낮추어 발사하면 사드의 요격 고도를 피할 수 있다. 박근혜 정부는 사드 배치의 명분을 중거리 탄도미사일인 노동미사일 요격에서 찾았지만, 훨씬 효율적인 단거리 탄도미사일인 스커드 B나 C를 놔두고 중거리미사일로 한국을 공격할 가능성은 거의 없다(고영대, 2015). 또한 군이 중거리미사일인 노동미사일을 발사한다고 해도 고각도로 발사해서 일부러 사드의 타깃이 될 이유도 없다. 저각도로 발사하면 사드와 패트리엇미사일을 무력화할 수 있기 때문이다. 즉 단거리미사일이든 중거리미사일이든 북한은 쉽게

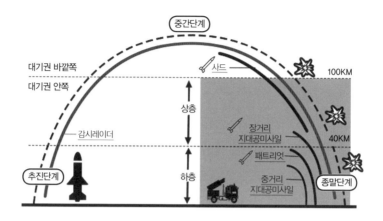

2-1 탄도미사일 요격 고도 구분. 기존의 지대공미사일과 패트리엇미사일은 종말단계인 저고도에서 적의 탄도미사일을 요격하는 대공 방어 체계이다. 그에 반해 사드는 중간단계 대공 방어를 보완하기 위한 고고도 요격 미사일 체계이다.

사드의 요격을 피할 수 있는 것이다(서재정, 2015). 사드의 배치 목적이 북한 미사일로부터 한국을 방어하기 위한 것이 아닐 수 있다는 의견이 설득력을 얻는 이유다.

사드가 한국을 방어하는 데 효용성이 낮다는 것은 이미 1999년 미 국방부가 의회에 제출한 보고서에도 나타나 있다. 보고서는 사드가 한국의 북부 지역을 겨냥한 북한의 탄도미사일을 막을 수 없으며, 서울과 서울 주변 지역을 방어하려고 한다면 오히려 저층 방어 체계가 필요하다고 주장한다. 실제로 사드가 남부권인 성주에 배치됨으로써 인구 절반 이상이 밀집되어 있는 수도권을 포함한 중부 지역이 사드 방어권에서 벗어난다는 사실도 사드의 '직접적인' 보호 대상이 한국 민간인이 아니라는 사실을 명시적으로 보여준다(Department of Defense, 1999; 김동엽, 2017). 2015년 미 의회 보고서에서도 한미일 MD 구축이 한국을 방어하는 데는 별 도움이 되지 않을 것이라는 사실을 인정하고 있다(Rinehart, 2015; 고영대, 2015). 이에 대해 당시 한국과 미국 정부는 한국의 사드가 주한미군을 방어하므로 군사적으로 충분한 효용성이 있다고 주 장했다.

미국은 '추진단계', '중간단계', '종말단계'의 3단계 중첩 방어 개념을 적용하여 해외에 파견된 자국 군대를 보호한다. 추진단계 방어를 위해 한때 레이저를 이용하여 적 미사일을 파괴하는 체계 를 추진하기도 했다. 하지만 현실성 결여로 거의 포기 상태이며, 종말단계 방어를 위해 PAC-3^{Patriot Advanced Capability-3} 요격미사일, 중간 및 종말 단계 방어를 위해 사드 요격미사일 개발 및 배치 중 에 있다. 기존 주한미군은 종말단계 방어를 위해 PAC-3 요격미 사일 2개 대대를 운용했다. 하지만 중간단계 방어를 위한 요격미 사일을 구비하지 못했기 때문에 중간단계 방어 체계는 갖추지 못 한 상황이었다. 특히 북한이 사거리 1,300km의 노동미사일을 고 각도로 발사하여 한국을 공격할 경우 마하7 정도의 고속 급강하 가 가능한데, 이 경우 PAC-3로는 요격이 거의 불가능하다. 실제 로 북한은 2014년 3월 노동미사일을 이와 같은 방식으로 시험발 사하여 650km만 비행시킨 적이 있다(서재정, 2015).

중거리 탄도미사일인 북한의 노동미사일은 일본, 주일미군, 그 리고 유사시 증원될 미군을 견제하기 위한 무기이다. 따라서 사드는 노동미사일로부터 한국에 배치된 주한미군을 보호하는 측면도 있지만 그보다는 한반도 유사시 증원되는 미군을 보호하는 데 더욱 효과적이다. 실제로 2014년 3월에 있었던 노동미사일 시험발사 이후 주한미군을 보호한다는 명목으로 사드 배치 움직임이 크게 촉발되는 모양새를 띠었다(박휘락, 2016).

사드가 국내외적 이슈로 떠오른 것도 2014년 6월 커티스 스캐퍼로티^{Curtis Scaparrotti} 주한미군사령관이 한국국방연구원^{KIDA}에서 강연하며 "한국에 사드 배치를 요청했다"고 말하면서부터다. 이후 2014년 9월 미 국방부 부장관인 로버트 워크^{Robert Work}가 미국 외교협회 주최 간담회에서 "사드 배치 문제를 한국 정부와 협의하고 있다"고 언급했고, 2015년 2월에는 미 국방부 대변인인 존 커비^{John Kirby}가 정례 브리핑에서 한국과 사드 배치 문제를 지속적으로 협의하고 있다고 말했다가 사흘 뒤 한국과 어떠한 공식 협의나 논의도 진행하고 있지 않다고 번복했다. 2015년 3월에는 데이비드 스틸웰^{David R. Stillwell} 미 합참 아시아담당 부국장이 "사드가 지역 방어의 핵심 수단으로 한국 안보에 더 기여할 수 있다"고 언급함으로써 미국 정부가 한국 내 사드 배치를 적극적으로 추진하려고 한다는 것을 시사하기도 했다(김흥규, 2016; 손기영, 2017). 그러나 앞에서도 밝혔듯이 사드로 북한의 단거리 탄도미사일을 요격하는 것은 불가능하며, 중거리 탄도미사일의 경우에도 저각도로 발사하면 요격이 불가능하다.

서재정에 따르면, 사드의 가장 큰 목적은 미국 본토를 방어하는 것이다. 구체적으로 다음의 세 가지 경우 모두 한국에 배치된 사드를 활용하여 북한에서 발사된 대륙간탄도미사일[ICBM]을 초기에 탐지하고 추적해서 미국 영토를 방어할 수 있다. 먼저, 북한 ICBM이 북극을 경유하여 미국 본토를 공격하는 궤도로, 미사일은 중국 동북부, 극동 러시아, 알래스카 상공을 지나 미국 본토에 도착한다. 이 경우 미국은 사드용 레이더로 해당 미사일을 감지하고 추적하여 미사일 방어 지휘통제전투관리통신[C2BNC]으로 전달하고, 관련 정보를 이용하여 캘리포니아나 알래스카에 배치된 육상 요격미사일로 요격할 수 있다. 북한 ICBM 발사 직후 한국의 사드 레이더(AN/TPY-2)로 포착한 뒤 일본 샤리키 레이더로 추적, 알래스카에서 요격하는 것도 가능하다.

다음은 북한 ICBM이 남극을 경유하여 미국 본토를 타격하는 궤도로, 이는 2012년 12월 발사된 은하3호의 비행 궤적과 유사하다. 이 경우 미국은 한국의 사드 레이더로 추적하여 서해나 남해 이지스함에 배치된 요격미사일로 요격할 수 있다. 만약 북한이 함경도 같은 동부 지역에서 미사일을 발사한 경우에는 한국 상공을 지나는데, 이 경우에도 사드 요격미사일로 요격할 수 있다.

마지막으로 하와이를 향해 북한이 미사일을 발사한 경우에도 사드 레이더로 포착하고 추적하여 동해에 배치된 이지스함에서 요격할 수 있다. 결국 세 가지 경우 모두 북한의 미사일을 요격할 수 있는 정도의 해상도를 제공하는 탐지거리 600km의 종말 모드가 빛을 발한다. 그에 비해 일본에 배치된 레이더는 전방 모드로

작동하기 때문에 해상도가 떨어져 관련 기능을 제공하기 어렵다
(서재정, 2015).

사드는 대중국용인가? _____

같은 원리로, 시야를 조금 넓혀보면 한국에 배치된 사드가 미국
본토를 공격하는 중국 ICBM을 무력화하는 데 상당한 기여를 할
수 있다는 것을 알 수 있다. 즉 한국에 사드 레이더 2기만 배치하
면 중국 ICBM을 추진단계와 상승단계에서 탐지·추적할 수 있
으며, 상승, 중간, 종말 단계에서 미국의 이지스함이 2~3회 요격
할 수 있는 조기경보를 제공할 수 있다. 미국 과학자연맹은 2011
년 9월 미국의 MD가 미중 간의 전략 안정을 손상시킬 수 있다
는 보고서를 발표했다. 이 보고서에 따르면, 미국 MD에 대한 우
려가 러시아에 비해 중국이 훨씬 크며, 그 이유는 중국이 보유한
ICBM이 50여 기에 불과하기 때문이다. 미국이 ICBM 요격미사
일을 500여 기만 보유해도, 약 10%의 요격 효과가 있다고 가정하
면, 이론상 중국의 모든 ICBM을 무력화할 수 있다(고영대, 2015).
이와 관련하여 중국은 사드 논쟁 초기부터 사드 레이더가 중국
ICBM에 대한 조기경보와 추적이 가능하다는 점을 들어 우려를
표해왔다(손기영, 2017).

　하지만 중국이 미국 본토를 ICBM으로 공격하는, 즉 미국과 전
면전을 치르는 상황은 실현 가능성이 크지 않다. 대신 중국과 대
만의 무력 충돌(양안 사태) 가능성은 상존한다. 이 경우 미국의 군

사개입을 저지하려는 중국의 시도를 한국의 사드가 무력화할 수 있다는 가능성 때문에 중국은 매우 우려한다. 즉 중국이 '핵심 이익core interest'을 지키는 데 한국의 사드가 커다란 장애물로 작용할 수 있는 것이다. 중국이 ICBM을 많이 가지고 있지 않은 이유도 중국 군사력 증강의 1차 목표가 미국의 군사력이 양안 사태에 개입하지 못하게 하는 데 있기 때문이다. 구체적으로, 중국은 이 지역에서 반접근 지역 거부A2/AD, anti-access area denial 전략에 집중하고 있으며, 이를 위해 미사일 능력 강화에 역량을 쏟아붓고 있다. 예컨대 육상에서 (미국)항모를 주 타깃으로 하기 때문에 '항모 킬러 carrier killer'라고도 불리는 사정거리 1,500km의 중거리 탄도미사일 둥펑-21DDF-21D 등을 통해 미국의 항모를 견제할 수 있다면 미국 해군력에 비해 크게 열세인 중국 입장에서도 단순 전력 강화 이상의 효과를 거둘 수 있다.

중국은 자국의 중단거리 탄도미사일을 방어용이라고 주장한다. 하지만 중국의 전술 교리에 의하면, 대만이 공개적으로 중국의 영향권에서 벗어나려고 할 경우 선제공격 가능성도 배제하지 않는다. 즉 서태평양 지역에서 선제공격으로 미국의 군사력을 무력화할 수도 있다는 의미이다. 이는 오키나와-대만-남중국해로 연결되는 제1도련first island chain 밖으로 미국의 군사력을 밀어낸다는 뜻이기도 하다. 그런데 한국에 배치된 사드 레이더는 남중국해와 동중국해에서 미국의 해상 군사력을 향해 발사되는 중단거리 탄도미사일에 대한 요격을 가능하게 함으로써 중국군의 작전 능력을 크게 제약할 수 있다(김성한, 2013; 고영대, 2015). 중국 입장에서는 여간 골칫거리가 아닐 수 없다.

중국 정부는 무엇보다 사드 탐지 레이더가 전방 모드로 운영될 경우, 중국 동북부의 미사일기지가 미국 정보망에 그대로 노출되는 상황을 걱정한다. 특히 사드 탐지 레이더로 인해 동북부 지역의 51미사일기지 산하 6개 탄도미사일 부대(화룽, 덩샤허, 통화, 라이우, 평룬, 징위)가 무력화될 수도 있다고 우려한다. 일본과 서태평양의 미국 도서들을 겨냥한 중국의 미사일 부대가 이 동북부에 밀집해 있다(김흥규, 2016).

한미 당국은 사드 배치 합의 후인 2016년 7월 8일 공동발표문을 통해 사드의 배치 목적이 "북한의 핵·WMD(대량살상무기) 및 탄도미사일 위협으로부터 대한민국과 미국 국민의 안전을 보장하고 한미동맹의 군사력을 보호하기 위한 방어적 조치"라고 설명하면서, "사드 체계가 한반도에 배치되면 어떠한 제3국도 지향하지 않고 오직 북한의 핵·미사일 위협에 대해서만 운용될 것"이라고 밝혔다(김동성, 2017). 그러나 중국은 한국의 사드 배치의 가장 중요한 목적이 중국을 견제하고 나아가 봉쇄하려는 데 있다고 주장한다. 중국은 자국의 판단 기준이 한국과 미국이 주장하는 사드의 용도가 아니라 '사드의 객관적 성능과 잠재력'임을 강조하면서, 중국의 국가안보를 위해 최악의 상황을 상정하여 대처할 수밖에 없다는 입장을 견지하고 있다. 특히 중국은 한국의 사드가 동아시아에서 대중국 MD 체계 구축의 핵심이며, 이를 통해 미국은 미중 간의 전략적 핵균형을 파괴할 것이라고 진단한다(손기영, 2017). 기술적으로도, 사드 레이더는 종말 모드™(600~900km)에서 원거리 탐지용 모드인 전방 모드, 즉 전진 배치 모드FBM(2,000km 이상)로 전환하는 것이 어렵지 않다. 미국과 한국 정부는 종말 모드만 사용할 것이라고 주장하지만 동일한 하드웨어에 운용 프로그램만 교체해도 4~8시간 안에 모드 전환이 가능한 것으로 알려져 있다(김동엽, 2017; 이기완, 2015). 미국 의회 조사국의 MD 전문가인 스티븐 힐드레스Steven Hildreth도 〈월스트리트저널Wall Street Journal〉에 "미국은 동북아 미사일 방어의 대상이 북한이라고 하지만 장기적으로는 중국이 대상"이라고 밝힌 바 있다(김동엽 2017; Wall Street Journal, 2012).

정리하면, 한국에 배치된 사드는 북한의 중거리 탄도미사일 위협으로부터 한국을 보호하는 데 제한된 역할만 할 수 있다. 그리고 그보다 더 큰 정도로 북한과 중국의 장거리 탄도미사일로부터 미국 영토를 보호하는 역할을 할 수 있다. 하지만 사드의 가장 현실적인 효용은 대만해협을 포함한 동중국해에서 미국과 일본의 해상 군사력을 무력화하는 중국의 탄도미사일 공격을 봉쇄하는 데 있다고 할 수 있다.

미국의 재균형 전략과 한국의 사드 배치 _____

박근혜 정부가 사드를 한국에 배치하기로 결정한 것은 오바마 행정부의 아시아 재균형 전략과 그에 수반된 동아시아 한미일 MD

체계 구축의 필요성에 당시 한국 정부가 한미동맹 강화를 목적으로 호응한 결과라고 할 수 있다. 아시아 재균형, 구체적으로 중국에 대한 재균형 전략의 핵심은 한미일 군사동맹 구축이다. 미 의회 보고서는 한국을 포함한 동아시아 통합 MD 체계가 "보다 제도화된 지역집단방위(동맹)의 견인차"가 될 것이라고 주장한다. 특히 동아시아 MD의 성공적 통합 체계는 방어력의 비약적인 향상으로 중국의 보복 공격을 무력화함으로써 중국에 대한 선제공격의 유혹을 높일 수 있다는 점에서 매우 강력한 대중국 봉쇄정책의 수단이 된다(고영대, 2015). 또한 미국은 한국과 일본에 MD를 공동으로 구축함으로써 한국과 일본에 대한 확장 억지^{extended deterrence*}를 지원하는 동시에 MD 구축에 따른 엄청난 비용을 줄일 수 있다. 그럼으로써 미국은 MD의 고비용을 지적하는 자국 내 비판 여론을 우회할 수도 있다. 하지만 오바마 행정부의 아시아 재균형 전략에 따른 미일동맹 강화 움직임은 한국 정부로 하여금 한미동맹 약화와, 한미일 삼각동맹으로 인해 한미동맹이 미일동맹의 하부구조로 전락하는 것이 아니냐는 우려를 갖게 했다. 실제로 2016년 발간된 미국 CSIS 리포트에서도 미일동맹 강화에 따른 한미동맹의 약화 가능성을 제기한 바 있다. 이는 한국으로 하여금 미국이 과거에 행한 어떤 일들, 즉 1905년의 가쓰라-태프트 밀약,

---

* 확장 억지는 군사력을 해외에 투사할 수 있는 능력을 지닌 강대국이 동맹국에 대한 적국의 공격을 억지하여 동맹국과 자국의 안전을 보장하는 군사전략을 말한다.

1950년의 애치슨라인 설정 같은 악몽을 떠올리게 했다(Green·Hicks·Cancian, 2016; 김흥규, 2016).

박근혜 대통령은 2013년 취임 후 친중국 행보를 이어갔다. 예컨대 2015년 3월 중국이 주도하는 아시아인프라투자은행^AIIB의 참여를 발표하고, 9월에는 직접 베이징 천안문 성루에서 시진핑 국가주석과 함께 '항일승전 70주년'을 기념하는 중국 인민해방군의 열병식을 지켜보며 박수를 보냈다. 특히 후자는 상징성이 매우 큰 행위로 미국 일각에서는 이를 근거로 박근혜 정부가 친중국 편향 외교를 하는 것 아니냐는 우려까지 불러일으켰다(손기영, 2017; 변창구, 2016). 이런 상황에서, 즉 한국 정부의 태도에 대해 의혹의 시선이 가득한 상황에서 미국이 줄기차게 요구하는 사드 배치를 한국 정부가 계속 미루는 것은 위험한 태도로 비칠 수 있었다. 실제로 미 의회 보고서에서도 한국 내 사드 배치 사안을 "미국과 중국 사이에서 한국이 어떤 입장에 설 것인지를 묻는 하나의 리트머스 시험지"라고 표현한 바 있다(Rinehart, 2015; 고영대, 2015).

한미동맹을 중시하는 보수주의 정부 입장에서도 한국이 미국과 중국 사이에서 등거리외교를 추구한다는 오해로 동맹의 약화를 불러오는 상황은 결코 바라지 않는 전개였다. 탄핵 정국에서 친박근혜 시위자들이 태극기와 함께 성조기를 흔든 것에서도 알 수 있듯이 한국 보수주의 세력의 미국에 대한 의존과 기대는 세계적 관점에서 보더라도 매우 드문 경우인 점을 고려하면 더욱 그렇다. 결국 겉으로 보기에는 청와대 안보 라인과 국방부가 주도적으로 북한의 핵·미사일 위협으로부터 한국을 보호하기 위해 사드 배치를 추진한 모양새를 띠었지만, 실제로는 미국과의 동맹관계 유지 및 강화를 목적으로 적법한 절차 없이 서둘러 사드 배치가 추진되었다고 볼 수 있다.

결국 크게 보면 한국의 사드 배치는 미국의 대중국 재균형 전략과 한미동맹하의 제한된 한국 정부의 대외정책 자율성이 상호작용하여 나타난 결과라고 할 수 있다. 그리고 이 문제는 향후 더 극명화될 수 있는 미중 대립에서 한국이 '어떤 태도를 취해야 하는가'뿐만 아니라 '어떤 태도를 취할 수 있는가'와도 관계된 사안이다. 다른 무엇보다 통일의 대상이지만 동시에 핵과 미사일을 가진 북한이라는 존재와 이웃하고 있다는 지정학적 제약, 그로 인해 미국과의 군사적 동맹에 의지하는 정도가 클 수밖에 없는 지금, 한국의 대외정책은 그 자율성에서 심각한 한계가 있을 수밖에 없다. 즉 현 시기 한국은 아시아 다른 국가들에 비해 대외정책을 자유롭게 추진할 수 있는 여건이 구조적으로 매우 제한되어 있다. 중국의 반발에도 전격적으로 배치된 사드는 이를 실증적으로 보여주는 예라고 할 수 있다. 이는 사드 배치 문제를 넘어, 향후 미국의 대중국 균형정책 강화 또는 대중국 봉쇄정책 시에 언제라도 한국 정부를 딜레마에 빠뜨릴 수 있는 문제이기도 하다. 그리고 그러한 상황이 도래할 경우 한국이 겪을 피해의 정도는 사드 배치로 겪었던 정도를 훌쩍 상회할 수도 있다.

\ 3장 \

일본은 왜
과거사에 대해 진심 어린 사과를
하지 않는 걸까?

일본 정부와 국민 그리고 미 국무부 관리들은 왜 한국은 일본 정부가 몇 번이고 반성과 사과를 했음에도 여전히 일본에 반성과 사과를 요구하는지 묻곤 한다. 그 이유는 당연하게도 한국 정부와 국민은 일본 정부의 반성과 사과가 진심이 아니라는 것을 알기 때문이다. 진심이 빠진 가해자의 반성과 사과를 받아들일 만큼 순진한 피해자는 없다. 3장에서는 일본 정부의 반성과 사과가 진심이 아닌 이유에 대해 하나하나 그 근거를 제시해보도록 하겠다.

　결론부터 얘기하자면 일본 정부가 '진심으로' 과거사에 대해 반성과 사과를 하지 않는 것은 일본 사회와 정치의 우경화와 깊은 관련이 있다. 현재 일본의 우경화는 다음 두 가지의 특징을 가지고 있다. 첫째, 과거에는 특정 사건을 통해 간헐적으로 이슈가

되는 정도였지만 현재는 지속화, 제도화되는 단계이다. 둘째, 우경화가 일부 정치 지도자 차원이 아니라 민간 차원으로 확대되고 있는, 즉 대중화 단계에 접어들었다. 일본의 이러한 모습은 일본 사회의 변화와 그 축을 공유한다.

'중류사회'에서 '격차사회'로 _____

일본이 현재까지 정치군사적으로 '보통국가'가 아닌 '결손국가'인 이유는 무엇일까. 2차대전에서 연합국 진영에 패배하며 국제사회로부터 식민 지배와 침략전쟁 등의 과거 행로가 부당했다고 판정받고, 전쟁과 전력을 영구히 포기한 '평화헌법'을 수용했기 때문이다. 일본은 샌프란시스코강화조약을 통해 미군정 기간을 끝낸 이후로도 안보를 미일동맹에 의존하며 경제성장에 주력하는 전략, 즉 '요시다 독트린'의 틀 안에서 '평화국가'를 유지해왔다.

일본 사회에서 미국이 강요한 '평화헌법'을 개정하고 '자주성과 전통'을 회복해야 한다는 움직임은 1950년대부터 있었다. 그러나 전후 최대 국민운동이었던 1960년의 미일안보조약 반대 투쟁은 이를 저지했고, 점차 '평화와 민주주의'가 주류 가치로 자리잡았다. 이후 결손국가임에도 일본의 경제적 성공과 정치적 안정성은 세계적인 칭송의 대상이 되었고, 일본인들은 그런 점에 자부심을 느끼며 만족해했다.

하지만 1990년을 전후로 일본은 냉전 해체 이후 미국이 주도한 신국제질서와 거품경제 붕괴로 대표되는 급격한 대내외적 여건 변화에 직면한다. 특히 이즈음 걸프전쟁은 일본의 대외 역할과 관련하여 일본 사회에 큰 충격을 주었다. 걸프전쟁 당시 일본이 도합 130억 달러의 거액을 지원했음에도 다른 나라들처럼 군대를 파견하는 등의 '피와 땀'의 인적 공헌을 하지 않았다는 이유로 미국으로부터 제대로 된 감사 인사도 받지 못했기 때문이다. 결국 이를 계기로 일본에서는 유엔의 평화유지활동^{PKO, Peace Keeping Operations} 참여 등과 관련하여 일본의 국제적 역할 문제가 큰 쟁점이 되었고, 그에 걸맞은 국가 형태의 개조가 화두로 떠올랐다.

한편, 한때 미국을 뒤이을 차기 패권국가로까지 거론됐던 일본은 '거품경제 붕괴' 이후 장기적인 경기 침체에 빠져들었고, 일본식 성장 모델의 이면들(정경유착 구조, 부실 금융, 기업 중심 사회, 여성 차별, 가족 해체, 저출산, 고령화 등)이 노출된다. 세계적인 주목을 받았던 일본식 경제 모델은 빛이 바래갔고, 1990년대 이후 신자유주의가 일본 사회에 확산되면서 일본인 대다수가 중산층이라는 '중류사회'의 모습도 서서히 '격차사회'로 바뀌어갔다.

과거사 문제 부각과 부전결의 반대 운동 _____

냉전 시기에 과거사 문제는 거의 '봉인' 상태였다. 특히 공산주의라는 공통의 적과 싸우는 상황에서 굳이 과거에 일어났던 일들로 연합전선이 와해되는 것은 막아야 한다는 게 미국과 일본 그리고 군부독재하 한국의 공통된 의견이었다. 하지만 냉전이 끝나자 그동안 억제되어 있던 과거사 문제가 분출하였다. 일본의 잔인했던 식민 지배와 전쟁범죄 행위들이 본격적으로 거론되었다. 이에 일본의 일부 정치인이 사과를 표명하는 경우가 생기자 일본 우익들은 큰 불만을 가졌다. 이들은 일본이 사과를 할 필요가 없는데 사과를 한다면서, 왜 사과할 필요가 없는지 설명하기 위해 역사 재해석, 즉 역사에 대한 수정주의적 해석을 내놓았다.

수정주의적 시각을 가진 이들은 특히 고노 담화와 호소카와 총리의 연설에 크게 반발했다. 1992년의 고노 담화는 고노 요헤이 河野洋平 내각관방장관이 약 1년 8개월의 조사를 바탕으로 2차대전 당시 일본군위안부가 강압적으로 모집되었고, 일본 정부가 위안부 징집에 직간접적으로 관여했다는 점을 인정하면서, 일본의 행위에 대해 공식적으로 '사죄'와 '반성'을 표명한 일본 정부의 첫 번째 담화이다. 비자민당 출신으로는 38년 만에 총리가 된 호소카와 모리히로 細川護熙도 1993년, 태평양전쟁은 '침략전쟁'이며 잘못된 전쟁이라고 평가했다. 그는 김영삼 대통령과의 11월 한일 정상회담에서 "식민지 지배에 의해 조선반도(한반도)의 사람들이 견디기 어려운 고통과 슬픔을 경험한 것에 대해 마음으로부터 반성하고 깊이 사과하고 싶다"는 의견을 표명했다.

일본 우익은 격렬하게 반발했다. 고노 담화에 대해서는 위안부 강제 동원에 대한 물증도 없는 상황에서 장관이 이를 인정했다고 비난했고, 호소카와 총리의 연설에 대해서는 자민당 내 야스쿠니 신사 관련 3단체가 '역사·검토위원회'를 설립하기로 하는 등 보수주의자들의 결집을 본격화했다. 특히 호소카와 총리의 연설에 대한 반발은 폭력적인 형태로까지 나타났다. 다음 해인 1994년 5월, 일본 우익단체 회원인 노조에 마사카츠가 권총으로 호소카와를 암살하려다 실패한 것이다.

과거사 문제를 둘러싸고 사회적 갈등이 심화된 상황에서 예전과 같은 단독 집권이 불가능해진 자민당은 1994년 일대 변신을 꾀한다. 냉전체제하에서 수십 년간 대립해왔던 사회당 및 신당사키가케新党さきがけ와 연립정권을 수립하기로 한 것이다. 자민당은 연립정권 구성을 위해 사회당이 요구한 '전후 50주년 국회 결의'(이하 '부전결의不戦決議')를 받아들였다. 그런데 이를 둘러싸고 일대 혼란이 벌어졌다. 특히 1995년 6월 중의원에서 결의된 부전결의 내용에 다음과 같은 반성과 사과의 표현이 포함되자 혼란이 가중되었다.

세계의 근대 역사에서 수많은 식민지 지배나 침략적 행위를 생각하면 우리나라가 과거에 행한 이러한 행위나 다른 나라 사람, 특히 아시아 여러 나라의 국민께 드린 고통을 인식하고 깊은 반성의 뜻을 표명합니다.

부전결의에 반성과 사과가 담길 것이 예견되자 이에 반대하는 자민당 의원들은 1994년 12월 1일 '종전50주년국회의원연맹'(이하 '의원연맹')을 결성한다. 1995년 3월에 이르면 이 모임에 참여하는 의원의 수만 205명이 되고, 이는 전체 자민당 의원의 절반이

넘는 규모였다. 또한 1995년 2월 21일에는 자민당에서 분리된 신진당 소속 의원들 역시 같은 취지로 '올바른 역사를 전하는 국회의원연맹'을 결성한다.

부전결의 반대파의 주장을 정리하면 다음과 같다.

1) 일본은 침략전쟁이 아니라 스스로를 지키기 위해 그리고 아시아의 평화와 번영을 위해 전쟁을 수행했다.

2) 전후의 역사 인식은 왜곡된 것이며 자학적이다.

3) 전후 처리는 샌프란시스코강화조약에 의해 모두 종료되었다. 따라서 국가 차원의 반성, 사죄, 부전결의는 절대 용납될 수 없다.

부전결의에 대한 반대는 국회의원들뿐만 아니라 민간에서도 활발했다. 당시 우익단체들은 도쿄 히비야공원에서 '전쟁 사죄 국회 결의를 용납하지 않는 국민의 모임'을 개최했는데 약 3,000명이 참가했다. 이들은 〈기미가요〉를 제창한 후 시가지 행진에 나서 세를 과시했다. 또한 부전결의에 반대하는 서명운동도 전개하여 약 456만 명의 서명을 받았다. 이러한 운동은 '종전50주년국민위원회' 산하 단체들에 의해 이루어졌는데, 그 중심에는 '일본을 지키는 국민회의'(이하 '일본회의')가 있었다. 일본회의는 아베, 스가, 기시다 등 자민당 우익 그룹의 지지 기반이 되었다.

이즈음 역사·검토위원회와 의원연맹은 과거사 반성 시도에 맞서 『대동아전쟁의 총괄大東亞戰爭の總括』을 출간하면서 태평양전쟁은

자존과 자위의 전쟁이자 아시아 해방을 위한 전쟁이었다고 주장했다. 또한 일본군위안부, 난징대학살 등은 모두 날조된 것이며 일본은 어떠한 전쟁범죄도 저지르지 않았다고 주장했다. 기존의 역사 교과서 내용은 바뀌어야 하며, 새로운 역사 인식을 국민 모두의 공통 인식과 상식으로 만드는 국민운동을 전개할 필요가 있다고 제안한 것이다. 이러한 제안은 곧 민간 차원의 새로운 역사 교육 국민운동을 야기하고, 결국 1996년 12월 '새로운 역사 교과서를 만드는 모임'(이하 '새역모')이 만들어졌다.

새역모의 주장을 정리하면 과거사에 대한 반성과 사죄는 일본의 치욕이라고 반발하는 데 그치지 않는다. 역사를 통해 국민이 자부심을 갖도록 하는 것이 중요하다고 강조한다. 따라서 일본 역사에서 부정적인 것과 어두운 것은 거부하고 긍정적인 것과 밝은 것들만 강조해서 이에 기반한 새로운 국민 의식을 가져야 한다고 말한다. 경제성장이 정체된 상황에서 전후의 폐허를 딛고 거둔 화려한 경제 성공담에 기반한 국민 의식이 아닌 수정주의적 역사관이 깊숙이 반영된 보수적 민족주의를 새로운 국민 통합의 열쇠로 삼으려고 한 것이다.

일본 사회의 이러한 움직임은 2000년대 초반 고이즈미 총리 시기부터 가속화되었다가 2006년 9월 아베 총리의 등장과 함께 국가 주도로 변모한다. 그럴 수밖에 없는 게 아베 자신이 일본회의, 의원연맹, 새역모의 주요 일원이었다. 누구보다도 수정주의적 시각으로 똘똘 뭉친 인물이었던 것이다.

현 기시다 내각에서도 일본군위안부 문제를 두고 "사실 관계를 무시한 근거 없는 비난"이라고 주장하는 일본회의 출신 각료만 전체 20명 중 14명에 달한다. 이러한 비율은 10년 가까이 유지되어온 것으로 아베 내각에서도 20명 중 14~15명, 스가 내각에서도 20명 중 14명에 이르렀다. 아베 시대부터 현재까지 우익 혹은 극우라고 할 수 있는 일본회의의 영향력이 계속되고 있는 것이다. 일본회의 소속이 아니면 고위층을 바라보기 힘든 게 일본의 현 정치 상황이다.

자민당 주류와 과거사 문제 _____

아베가 총리 시절 가장 염두에 두었던 것이 평화헌법 개정과 군대를 가진 '보통국가'로의 변모였다. 그는 다음과 같이 말한 바 있다.

한국은 집단적 자위권을 행사할 수 없습니까? 한국의 방위를 담당한 정부기관은 다른 부처보다 격이 낮은 기관입니까? 이것은 한국을 포함한 대다수 국가도 채택하고 있거나 그렇게 하려고 하는, 안전보장 체제와 비슷하게 되려는 행위에 지나지 않습니다. 명칭에 있어서 한국도 군대입니다. 저의 주장이 극우적이라면 세계 국가들 모두 극우 국가가 됩니다.

아베의 주장을 정리하면, 군대와 집단적 자위권, 그리고 그에 걸맞은 헌법 등 일본이 한국을 비롯한 다른 국가들과 비슷하게 되겠다고 하는 것은 매우 자연스러운 일이며 전혀 문제가 없다는 것이다. 그러나 동아시아 전체의 시각에서 보면 일본은 이미 군사 강국이다(2022년 현재 일본은 GDP의 약 1%만 사용하면서도 군사비 지출 기준 세계 9위의 군사 강국이며, 2027년부터는 군사비 지출을 2배로 늘려 군사비 지출 기준 세계 3위가 되려고 하고 있다〔동아일보, 2022〕). 만일 일본이 군대를 보유하고 집단적 자위권을 여느 나라와 똑같이 행사하면 즉시 한국을 비롯한 이웃 나라들에 위협이 되는 군사 대국으로 탈바꿈한다. 무엇보다 과거 식민 지배를 했던 이웃 나라들에 제대로 된 사죄를 하지 않고 있는 데다 군국주의 시대를 그리워하는 정치인들이 실권을 잡은 상황에서 군사 대국이 된다는 것은 필요하면 언제든지 (양상은 달라지겠지만) 군국주의로 회귀할 수 있다는 것을 뜻한다. 이는 이웃 나라들뿐만 아니라 일본 국민들의 평화와 안녕을 위해서도 매우 우려되는 상황이다.

물론 일본의 모든 정치인이 아베와 같은 생각을 하는 것은 아니다. 예컨대 입헌민주당 소속이며 18선에 성공한 현역 최다선 의원인 오자와 이치로小沢一郎는 다음과 같은 의견을 밝혔다.

일본이 아시아, 태평양 중심의 외교를 추진해가는데, 그 출발점이라고도 할 수 있는 지역 내 신뢰 확보를 위해서는 피해갈 수 없는 것이 바로 역사 문제이다. 과거 역사의 일부분으로서, 일본이 일찍이 이 지역의 침략자였던 사실을 부정할 수는 없다. (…) 지역 내 일본에 대한 불신감과 경계감을 없애기 위해서라도 이러한 역사의 측면을 염두에 두면서 지역 외교의 방법을 재조정해야 할 것이다. 재조정의 첫째는, 과거의 침략과 관련하여 아직 해결되지 않은 문제를 성실히 처리하는 것이다. (…) 이러한 적극적인 노력만이 일본에 대한 신뢰를 가져다줄 수 있다고 생각한다.

아베 신조, 스가 요시히데菅義偉, 기시다 후미오岸田文雄 등의 전현직 총리뿐 아니라 일본 자민당 내 주류 정치인 대부분이 일본회의 소속이고 수정주의적 역사관을 가지고 있다. 즉 이들은 일본이 일제강점기와 2차대전 당시 저질렀던 과거사에 대한 반성과 사과를 강력히 반대하는 정체성identity을 가지고 있다. 이를 염두에 두면 현재 그리고 향후 일본 총리가 누가 되든지 간에 자민당이 집권하는 한 과거사 문제에 대해 진정한 사과를 기대하기 어렵다는 사실을 알 수 있다.

과거 미국의 강요로 아베 등이 과거사 문제에 대해 사과한 경우가 있었다. 그러나 그것이 진정한 사과였다고 볼 수는 없다. 이후 야스쿠니신사를 참배하는 등 행동이 전혀 그렇지 않았고, 무엇보다도 과거사에 대한 반성과 사과는 그들의 정체성에 어긋나는 일이기 때문이다.

한국은 일본 정부의 반성과 사과가 결코 마음으로부터 우러나온 진심이 아니라 립서비스에 불과하다는 사실을 안다. 그러니 일본 정부가 몇 번에 걸쳐 사과를 했음에도 계속해서 진심 어린 반성과 사과를 요구하는 것이다. 그러나 앞서 설명한 이유들로 인해 현 자민당 정부에게 과거사에 대한 진정한 반성과 사과를 기대하는 것은 부질없는 일일 수밖에 없다. 그것은 일본 우익 정치인들에게 스스로 자기 부정을 요구하는 일이기 때문이다.

2022년 5월 기시다 총리는 측근인 하야시 외무상을 한국 대통령 취임식에 특사로 파견하면서 한일 관계 개선이 필요하다고 강조했다. 윤석열 대통령 역시 집무 첫날 하야시 외무상을 만나 "기시다 후미오 일본 총리와 양국 관계 개선을 위해 함께 노력해나가기를 기대하고 있다"고 말했다. 그러나 윤 대통령의 기대와 달리 앞서 살펴보았듯 이는 쉽지 않은 일이다. 한일 관계 개선을 위해서는 과거사에 대한 한일 양국의 합의가 필요한데 기존 입장에서 조금도 물러설 생각이 없는 일본 우익 정치인들이 협상 과정에서 유연한 태도를 취할 리 없기 때문이다. 일본 정부는 한일 관계 개선을 말하지만 과거사를 놓고 타협하는 것은 '굴복'이라고 간주하기에 한국 정부가 과거사 문제에서 일본 정부의 요구를 그대로 받아주기를 희망하고 있다. 그것을 위해 필요하다면 힘, 특히 경제력을 동원해서라도 관철하려고 한다. 이를 적나라하게 보여준 것이 2019년 기습적으로 이루어진 한국에 대한 경제 보복(반도체 소·부·장 공격)이다.

4장

일본은 왜
한국에 경제 보복을 가했을까?

한일 관계가 지금과 같은 정체상태가 된 직접적인 원인은 징용공 문제를 두고 두 국가가 극도로 대립했기 때문이다. 징용공 문제의 기원은 일제강점기로 거슬러 올라간다. 당시 일본은 약 80만 명의 조선인을 '징용', '관 알선', '모집' 등의 형태로 강제 동원하여 공장, 탄광 등에서 일하게 했다. 식민 정부는 조선인 노무 동원 계획을 세우고 기업은 국가기관들을 활용하여 이들을 동원했는데, 이들이 끌려간 노동 현장에서는 강도 높은 혹사와 학대, 구속 및 감시, 임금 체불, 강제 저축 등이 보편적으로 이루어졌다. 이에 대해 국제노동기구ILO는 1999년 일본의 전쟁 시기 강제 동원을 강제노동조약 위반이라고 인정하고 일본 정부에 피해자 구제를 권고했다.*

2019년 크게 부각된 징용공 문제는 1941~1943년 일본제철(신일본제철)* 일본 공장에 강제 동원되어 징용공으로 일했던 이춘식, 여윤택 등 4명이 1945년 일본 패전 후에 임금을 전혀 받지 못하고 귀국, 이에 1997년 12월 24일 일본 법원에 소송을 제기하면서 시작되었다. 이들 4명은 일본 오사카지방재판소에 신일본제철과 일본 정부를 상대로 국제법 위반 및 불법 행위 등을 이유로 강제노동 기간 동안 받지 못한 임금과 손해배상금 지급을 요구하는 소송을 냈다. 그러나 재판 결과는 기대와 달리 2001년 3월 27일 원고 패소 판결이 내려졌다. 이후 항소했으나 2002년 11월 19일 오사카고등재판소는 항소 기각을, 2003년 10월 9일 일본 최고재판소는 상고 기각을 판결했다.

이들 4명은 이후 한국에서 소송을 이어가 2005년 2월 28일 서울중앙지법에 신일본제철을 상대로 손해배상 소송을 제기했다. 2008년 4월 3일 판결에서는 원고 패소, 2009년 7월 16일 판결에서는 서울고등법원이 항소를 기각했다. 하지만 2012년 5월 24일 대법원 제1부가 원고 승소 판결 및 원심 판결 파기 환송 결정

---

* 1999년 ILO는 일제강점기에 일본이 한국 노동자들을 동원한 것은 강제노동forced labor에 해당한다는 보고서를 냈다. 일본 정부는 일제강점기에 한반도가 일본의 영토였기 때문에 한국인들을 동원한 것은 자국민에 대해 실시한 징용이었고, 태평양전쟁 중이었던 만큼 강제노동에 해당하지 않는다고 주장했으나 ILO는 이를 받아들이지 않았다(연합뉴스, 2015).

---

* 일본 최대 철강업체인 신일본제철(신일철주금)은 2019년 4월 1일부로 일제강점기의 이름인 일본제철로 사명을 바꿨다.

을 내렸다. 이후 2013년 7월 10일 서울고등법원은 1명당 1억 원을 배상하라고 판결했다. 이에 신일본제철은 2013년 8월 대법원에 상고했는데, 당시 양승태 대법원장이 박근혜 대통령과 사법거래를 하면서 상고심 재판이 오랜 기간 열리지 않았다. 대법원은 박근혜 대통령이 탄핵되고 난 후인 2018년 10월 30일에야 신일본제철에 강제징용 피해자 4명에게 1인당 1억 원을 배상하라고 판결했다.** 이후 2018년 12월 13일 원고 변호인단이 법원에 신일본제철의 한국 자산을 압류해달라는 강제집행 신청을 제출했고, 2018년 12월 31일에는 신일본제철 소유의 '포스코-니폰스틸 RHF 합작법인(PNR)' 주식에 대한 압류를 신청했다.

강제징용 소송에 대한 양국의 입장 _____

우선 강제징용 소송에 대한 일본 정부의 입장을 정리하면 다음과 같다. 첫째, 한국과 일본은 1965년 한일기본조약의 부속 협정인 한일청구권협정을 통해 유무상 차관 8억 달러를 보상하는 것으로 양국과 양 국민 간의 모든 청구권 문제를 완전히 그리고 최종적으로 해결했다. 둘째, 한국인 개인에 대한 피해보상은 한국 정부가 하기로 약속했기 때문에 피해자 보상 및 배상은 한국 정부의 책임이지 일본의 책임이 아니다. 셋째, 1965년 한일기본조약을 체결할 때 차후 청구권 문제에 관해 양국 간의 분쟁이 발생할 경

** 2018년 10월 당시 98세의 이춘식을 제외한 나머지 3명은 이미 사망한 상태였다.

우를 대비하여 제3국 중재위원회를 만들어 분쟁을 해결한다고 성문화했다. 그에 따라 일본 정부는 청구권 협정 문언에 따른 제3국 중재위원회를 설치하여 징용공 배상 판결 문제를 해결하자고 요청했으나 한국 측이 거절했다. 넷째, 2018년 배상 판결을 내리고 한국 내 일본 기업의 재산을 몰수하는 것은 한일 관계의 법적 근간이 되는 한일기본조약을 한국 측이 일방적으로 위반한 것으로, 따라서 양국 관계의 기본적인 신뢰가 훼손되었다.

이에 대한 한국 정부의 입장은 다음과 같다. 첫째, 한일기본조약의 부속 협정인 한일청구권협정은 일본의 한반도 식민 지배 기간의 반인도적 불법 행위에 대한 배상을 청구한 것이 아니다. 둘째, 강제징용 소송은 강제징용 피해자들이 자신들이 겪은 불법 행위에 대해 개인 자격으로 법원에 청구권을 행사한 것이므로 정부 간 문제가 될 수 없다. 셋째, 정부 간 조약으로 개인의 권리를 재단하는 것은 국제법상 효력이 없기 때문에 한일기본조약으로 개인 청구권은 소멸되지 않는다. 넷째, 한국 헌법에 명시된 삼권분립에 따라 행정부는 사법부의 판결을 받아들일 뿐이다. 행정부가 사법부의 판결을 부정하는 것은 삼권분립 침해라는 중대 사항에 해당되기 때문에 불가하다.

강제징용 소송이 본격적으로 한일 관계의 쟁점이 된 시점은 2018년 10월 30일 한국 대법원의 판결 직후이다. 일본 정부의 고위 관료들은 판결에 대해 격렬히 반발하면서 한국 정부를 압박하는 발언들을 쏟아냈다. 2018년 11월 6일 고노 다로 일본 외무상은 "국제법에 기초해 한국 정부와 맺은 협정을 한국 대법원이 원하는 아무 때나 뒤집을 수 있다면, 어떤 나라도 한국 정부와 일하는 게 어려울 것이라는 점을 그들은 알아야 한다"면서 "즉각 적절한 조치가 강구되지 않으면 일본은 일본 기업의 정당한 경제활동 보호라는 관점에서, 계속해서 국제 재판 및 대항 조치를 포함해 모든 선택지를 시야에 두고 의연하게 대응을 강구할 것"이라고 했다. 2019년 1월 6일에는 아베 총리가 "압류를 향한 움직임은 매우 유감"이라면서 "구체적 조치에 대한 검토를 관계 부처에 지시했다"고 말했다. 그러면서 "1965년 한일청구권협정으로 완전하고 최종적으로 해결이 끝났다"고 주장했다. 아소 다로 부총리도 2019년 3월 12일 "한일 징용공 소송으로 인해 일본 기업 자산을 강제로 매각할 시 이에 대한 보복 조치로, 관세에 한정하지 않고 송금 정지, 비자 발급 정지 같은 여러 보복 조치가 있을 것으로 생각한다"고 말했다. 이어 "그렇게 되기 전의 지점에서 협상하고 있는 만큼 제대로 된 대응을 해나가야 한다"면서 "상황이 진전되어 (일본 기업에) 실제 피해가 좀 더 나오면 다른 단계가 될 것"이라고 말했다.

이후 일본은 정부 차원의 보복 조치로 한국에 대한 수출 규제를 취했다. 구체적으로 2019년 7월 4일 1차 규제에서 일본은 첨단소재 3개 품목, 즉 불화수소, 불화폴리이미드, 리지스트 수출과 관련해 포괄 수출 허가에서 개별 수출 허가로 전환함으로써 수출 과정을 매우 까다롭게 만들어 실질적으로 수출을 막았다. 또한 다음 달인 8월 28일에는 신뢰할 수 있는 수출 대상 국가 목록인 '백색국가'(27개국)에서 한국을 제외하는 2차 규제를 가했다. 수출 규제 이유에 대해 일본 정부는 자세한 내용은 언급하지 않고 (명확한 증거도 제시하지 않으면서) 전략 품목들이 북한으로 흘러들어가고 있다고 우려하며 한국의 수출 관리와 통제에 대한 신뢰 문제를 지적했다. 강제징용 소송과 관련된 보복 조치인지 묻는 질문에 대해서는 구체적으로 밝힐 수 없는 부적절한 사안 등으로 수출 관리의 필요성이 생겨 조치를 취하는 거라면서 공식적으로는 배상 판결과의 관련성을 부인했다.*

수출 규제의 실질적 이유 _____

맨체스터대학교 스즈키 쇼고 교수에 따르면, 한국의 민주당 정부는 일본 우익 수정주의자들이 꿈꾸는 새로운 일본을 건설하는 데 가장 강력한 위협이다. 우익 정치인들이 이끄는 현재의 일본 정부는 '중국 견제'를 외교적 최우선순위로, '보통국가로의 전환'을 가장 중요한 국내 정치 사안으로 두고 있다. 이를 추진하기 위해 그들은 역사 해석에서 '서구 제국주의 세력으로부터 아시아를 보호하려는 취지로 시작된 태평양전쟁' 등의 수정주의적 관점을 견지

---

* 아베의 최측근인 하기우다 고이치萩生田光一 자민당 간사장 대행은 2019년 7월 5일 BS후지티비에 출연하여 일본이 한국에 수출한 전략 품목들 가운데 일부가 북한으로 유출되었을 가능성이 있다고 주장하며, 특히 불화수소가 북한으로 넘어가 화학무기에 사용될 수도 있다고 언급했다.

신냉전에서 살아남기

하고 있다. 그러면서 국내외적으로 동아시아에서 '중국과 북한 등 반인권적인 사회주의국가들이 가하는 군사적 위협'에 맞서 '인권, 자유, 민주주의 등을 옹호하는 일본'이 충분한 무장력을 갖추어야 한다고 주장한다. 하지만 이러한 논리를 정면으로 무너뜨리는 것이 한국과의 과거사 분쟁이다. 한국 정부는 위안부, 징용공 등이 겪었던 일본의 반인권적인 지배에 대해 거침없는 폭로를 이어가고 있으며, 국내외적으로 일본의 군사력 강화와 보통국가화의 정당성을 심대하게 훼손하고 있다. 따라서 지금의 일본 보수 정부가 추구하는 노선에 가장 큰 걸림돌은 다름 아닌 한국이다(Suzuki, 2019).

2019년 4월 발표된 스즈키 교수의 주장을 바탕으로 그해 7월부터 시작된 일본 정부의 대한국 수출 규제를 분석해보면, 일본 정부의 공식적 입장과 달리 수출 규제가 실제로는 배상 판결에 대한 보복 조치라는 것이 보다 명확해진다. 이는 수출 규제 조치 직후 나온 아베 총리의 설명에서도 쉽게 확인된다. 2019년 7월 3일, NHK를 통해 중계된 당수토론회에서 질문자는 아베 총리에게 "역사 인식 문제를 통상 정책과 연관시키는 것은 도널드 트럼프 미국 대통령과 마찬가지**여서 양국에 좋지 않다고 우려하는 목소리가 있다"면서 향후 어떤 계획이 있는지 물었다. 이에 대해

** 트럼프 대통령이 통상 압박을 지렛대로 미국의 국제 문제 현안을 해결하려고 했던 것을 염두에 둔 표현이라고 할 수 있다.

아베는 "역사 인식 문제와 통상 정책을 연관시킨 것은 아니다. 징용공 문제는 역사 문제가 아니라 국제법상 국가와 국가의 약속을 지키느냐는 것"이라면서 수출 규제 조치는 "청구권 문제에 대한 한일기본조약 위반"이 관건이라고 밝혔다. 풀이하자면 상당히 돌려 말했지만 강제징용 배상 판결 때문에 수출 규제 조치를 취했다는 것이다. 그는 며칠 뒤인 7월 7일에는 "한국은 (유엔안전보장이사회의 대북) 제재를 제대로 지키고 있다, 제대로 무역 관리를 하고 있다고 말한다"면서 "(하지만) 징용공 문제에 대해 국제적 약속을 지키지 않는 것이 명확해졌다. 무역 관리도 지키지 않을 것이라고 생각하는 것은 당연하다"고 주장했다. 즉 한국이 무역 관리를 제대로 못하고 있다고 주장하면서도 그에 대한 증거는 대지 못했으며, 그런 점에서 일본 정부 스스로 자신들의 주장에 근거가 없다는 것을 실토한 셈이었다.

당시의 조치는 일본 산업계 역시 매우 당혹스럽게 만들었다. 일본의 소재·부품·장비 업체들은 수출 규제 조치에 대해 사전에 어떠한 언질도 받지 못했다. 이들뿐만 아니라 한국 기업으로부터 반도체를 받아 완제품을 생산하는 일본의 IT 및 전자 업체들 역시 크게 당황했다. 소니 등은 공개적으로 사태 진전에 우려를 표명했을 정도다. 즉 아베 내각은 이 같은 결정을 내리는 과정에서 관련 산업의 의견을 청취하지 않았고, 이는 당시 일본 정부의 조치가 매우 정치적인 결정이었다는 것을 보여준다.

사실 2019년 일본 정부의 대한국 수출 규제 조치는 일본 우익들의 오랜 숙원이 해소된 것이라고도 할 수 있다. 일본 정치를 보면 한국과 달리 세습 정치인들의 파워가 막강하다. 아베 신조 전 총리, 기시다 유키오 현 총리, 고이즈미 신지로小泉進次郎 전 환경대신 등 일본 정치를 좌지우지했거나 하고 있는 많은 정치인이 정치인 집안 출신이다. 일본의 세습의원 비율은 중의원의 경우 약 26%, 집권 자민당으로 좁히면 약 40%에 달한다.* 여기에 세습의원 대부분이 그들의 할아버지 시대인 제국주의 시기부터 정치에 몸담은 집안 출신이다. 따라서 할아버지 때부터 가지고 있던 세계관이 상당 부분 이어져오고 있다. 즉 '일본이 아시아 국가들의 구세주'이며 군국주의 시대의 일본 역시 매우 자랑스러운 역사라는 인식을 공유하고 있는 것이다. 그러므로 과거 역사는 전혀 부끄러운 것이 아니기 때문에 사과할 필요도 없다. 비슷한 맥락으로 한국을 바라보는 시각 역시 상당히 시대착오적이다. "한국은 일본의 은혜를 받아 근대화되었다", "한국의 경제성장은 일본의 도움 없이는 불가능했다", "일본이 맘만 먹으면 한국은 언제든지 망하게 할 수 있다" 등의 시각이 대를 이어 전해져오고 있다. 실제로

---

* 일본의 정치 세습 요인으로 지방地盤·간방看板·가방鞄의 3방을 꼽는다. '지방'이란 후보자 후원회 같은 지역 선거구에 형성된 인적 네트워크로, 후원회와 의원의 공생관계가 대를 이어 계속되기 때문에 비세습의원들은 막강한 후원을 받는 세습의원 집안과 경쟁하기가 어렵다. '간방'은 간판, 즉 인지도를 뜻하는 것으로 세습의원은 가문이 하나의 브랜드가 되어 이미 높은 인지도를 가지고 시작하기 때문에 절대적으로 유리하다. '가방'은 정치자금을 뜻하는 것으로 세습의원은 막강한 후원 덕분에 정치자금도 넉넉하다. 일본에서는 후원회와 같이 정치자금을 관리하는 단체에는 증여세, 상속세 등의 세금을 걷지 않기 때문에 후원회 상속이 일반적이며, 따라서 권력 대물림 현상이 매우 흔하다(매일경제, 2020).

아베도 2013년 11월 15일 〈주간문춘〉과의 인터뷰에서 다음과 같은 말을 했다. "중국은 어느 정도 이성적으로 관계를 개선할 나라이지만 한국은 어리석은 나라이자 간신들이 있는 나라", "한국에 대한 국제 제재 조치를 검토했다", "일본 금융이 한국에 투자를 끊으면 삼성그룹은 망할 것이다".

2020년 9월 3일 일본의 〈마이니치신문〉 보도에 따르면 징용공 배상 판결이 내려지고 얼마 뒤인 2019년 초에 이미 아베는 한국에 대한 구체적인 보복 조치를 지시했다. 이후 6월 말 오사카에서 열린 G20 정상회의 직후 보복 조치를 발표한다는 계획을 가지고 치밀하게 움직여 7월 1일 결행한 것이다(한겨레, 2021). 아베의 목적은 한국의 경제성장에서 핵심적인 역할을 하는 반도체 부문에 대한 수출 규제를 통해 한국 경제에 심대한 타격을 가함으로써 문재인 정부를 (앞선 박근혜 정부와 같이 조기 퇴진시키고) 친일 정부로 대체하는 것이었다. 이는 당시의 한국 정부를 일본의 적이라고 생각하지 않으면 상상하기 힘든 적대적 조치가 아닐 수 없다. 또한 한국을 일본의 아래로 보는 시각이 반영되었다고 볼 수 있는데, 이는 아베 총리가 2013년 〈주간문춘〉과 했던 인터뷰 내용과 상응하는 것이다. 2013년에나 2019년에나 그의 시각이 일관적임을 알 수 있다.

한국의 대응과 지소미아 카드 _____

한국 정부는 일본의 수출 규제를 비난하며 문제 해결을 위한 정부 간 대화를 공식적으로 요청했다. 하지만 일본 정부는 호응하지 않았다. 이에 한국 정부는 맞대응 카드로 2019년 8월 3일 일본 관광 절차를 까다롭게 하고 목재, 식품, 폐기물 등의 수입 절차를 강화하겠다는 발표와 함께 삼성 등 재계와 힘을 합쳐 수출 규제 품목에 대한 국산화와 수입 다변화를 시도했다. 한국의 시민사회도 일본 제품 불매 운동, 일본 여행 가지 않기 운동 등을 벌였다.

2019년 9월 11일, 한국 정부는 관련 준비를 마친 뒤 일본의 수출 규제 조치에 대해 세계무역기구^{WTO}에 정식으로 제소했다. 그러나 WTO 제소는 실제 결정이 내려지기 쉽지 않은 다분히 형식적인 조치라고 할 수 있다. WTO를 통한 무역 분쟁의 해결 메커니즘이 잘 작동하지 않기 때문이다. WTO를 통한 분쟁 해결은 통상적으로 2심이자 최종심인 상소기구까지 가서 판결이 내려진다. 하지만 2016년 5월 이후로 상소기구 신임 위원의 선임 절차를 미국이 거부하고 있는 상황이다. 상소기구가 중국의 보조금 지급에 대한 미국의 반덤핑 조치와 관련하여 중국의 손을 들어줬기 때문이다. 상소기구는 총 7명의 위원으로 구성되는데 위원 3명이 재판관으로 1건을 심리하는 구조이다. 하지만 2019년 말 중국의 자오훙 위원의 퇴임을 끝으로 더 이상 아무도 임명되지 않은 채 현재는 위원이 모두 공석인 상태이다. 이러한 상황을 고려했을 때 현실적으로 한국의 WTO 제소는 다분히 형식적인 제스처일 수밖에 없다.

물론 최종심인 상소기구가 제 기능을 못한다고 하더라도 1심이

자 하급심인 패널 절차는 진행된다. 패널 절차는 최종 판결이 아니기에 구속력은 없지만 잘잘못에 대한 최소한의 판단을 내림으로써 외교적 영향력은 미친다고 볼 수 있다. 그런데 2020년 8월 3일 패널 설치 즈음해서 미국이 공개적으로 "오직 일본만이 자국의 본질적인 안보 이익을 보호하기 위해 무엇이 필요한지 판단할 수 있다"는 입장을 밝혔다. 그러면서 한국의 제소는 "WTO가 70년간 피해온 안보 관련 사안 불개입 입장을 곤란에 빠뜨리고 WTO에 심각한 위험을 초래한다"고 발표했다. 일본이 자국의 안보를 이유로 한국에 대한 수출 규제 조치를 취했다면 이는 WTO가 판단할 문제가 아니기 때문에 한국의 WTO 제소는 옳지 않다는 것이다. 즉 강제징용 소송으로 인한 한일 무역 분쟁에서 미국은 공개적으로 일본 편을 든 것이다(서울경제, 2020).

한국의 WTO 제소와 관련한 미국의 이러한 태도는 급작스러운 행동이 아니다. 김현종 청와대 국가안보실 제2차장은 이미 2019년 7월 11일부터 14일까지 3박 4일 일정으로 미국을 방문하여 강제징용 소송과 관련한 일본의 불합리한 수출 규제에 대해 상황 설명을 했다. 한국의 반도체 생산이 중단되면 미국 기업들에도 공급이 쉽지 않아 미국 경제 역시 타격을 입을 것이라는 사실까지 덧붙였다. 그러나 미국은 한국의 호소에 별다른 반응을 보이지 않았다. 7월 12일 해리 해리스 주한 미국대사는 "지금은 미국이 두 나라 사이에 개입할 때가 아니"라며 모호한 태도를 취했다. 7월 20일에는 트럼프 대통령이 "한국과 일본 두 나라 모두가 중재를 원한다면 중재를 하겠다"고 발표했는데, 이는 당시 한국만이 중재를 원했기 때문에 미국은 중재를 하지 않겠다는, 즉 한국의 요청을 받아들이지 않겠다는 뜻을 에둘러 표현한 것이다.

트럼프 대통령의 공개적인 일본 편들기 이후 한국 정부는 지소미아 카드를 꺼내들었다. 지소미아^{GSOMIA}는 한일 군사정보보호협정$^{General\ Security\ of\ Military\ Information\ Agreement}$의 영문 약자로 박근혜 정부 시기인 2016년 11월 23일 체결된 한일 군사협정이다. 대한민국 정부 수립 이후 첫 번째 체결된 그리고 현재까지는 유일한 한일 군사협정이다. 조약이 아닌 협정인 이유로 2016년 11월 행정부가 국회 동의 없이 단독으로 체결할 수 있었다. 체결 당시부터 과거사에 대한 진정한 반성 없는 일본과 군사협정을 맺었다고 야당과 시민사회가 극렬하게 반발했던, 상당한 논란을 수반한 협정이었다.

미국은 2010년 10월 일본 외무상이 한일 지소미아 체결을 제안한 이후로 지속적이고 적극적으로 한국에 체결을 종용했다. 중국 견제를 위한 한미일 삼각동맹을 추구하는 미국으로서는 한일 군사정보 교류가 필수적이었기 때문이다. 2012년 이명박 정부 시기에 체결 직전 상황까지 간 일도 있었다. 하지만 밀실 추진 논란이 불거지면서 야당과 시민사회의 격렬한 비판에 직면했고, 6월 29일 서명식을 불과 50분 남기고 일본에 체결 연기를 통보한 바 있다.

한국 정부는 2019년 8월 22일, 그해 11월로 종료되는 지소미아를 더 이상 연장하지 않기로 결정했다(지소미아는 매년 갱신되어야 하는 협정이다). 그러자 미 국무장관은 즉각적으로 한국 정부에 실망했다는 표현까지 사용하면서 한국 정부의 결정에 강한 우려를 나타냈다. 대조적으로 일본 정부는 직접적인 반응을 나타내지 않았다. 그런 와중에 9월 24일 북한이 단거리미사일 발사 실험을 했다. 한국은 일본보다 10분 먼저 이를 확인했다. 10월 2일 북한이 잠수함발사탄도미사일^{SLBM}인 북극성-3형을 발사했을 때도 한국 정부와 달리 일본 정부는 이를 제대로 탐지하지 못했다. 레이더는 직선으로 탐지 가능한데 지구가 둥글기 때문에 아무래도 거리가 멀면 관측이 어려울 수밖에 없다. 그런 이유로 일본의 북한 미사일 탐지는 설사 한국보다 우수한 레이더 기술이 있다고 해도 한국과 비교했을 때 한계가 있을 수밖에 없다. 결국 북한 미사일 탐지에서 일본의 한계가 드러나자 지소미아의 중요성이 더욱 부각되었다. 결국 일본은 2019년 11월 16일 수출 규제 이후 처음으로 액체 불화수소의 한국 수출을 허가했다.

지소미아로 인해 상황의 반전이 일어나자 미국 역시 재빠르게 움직였다. 지소미아 만료 시한인 2019년 11월 22일 자정을 앞두고 11월 5~7일 데이비드 스틸웰 미국 국무부 동아태 차관보가 한국을 방문한 데 이어 14~15일에는 마크 에스퍼$^{Mark\ Esper}$ 미 국방장관이 한국을 찾았다. 에스퍼 국방장관은 주한미군 방위비 분담금 협상과 지소미아 연장 논의를 위해 방한했다고 발표했다. 하지만 전자가 국무부 소관임을 감안하면 결국 방한의 핵심 이유는 지소미아 연장 문제라고 할 수 있었다. 11월 7일 조너선 호프먼 Jonathan Hoffman 미 국방부 대변인은 에스퍼 장관의 방한을 발표하며 지소미아 연장 문제의 "해결을 낙관하지만 그렇지 않을 경우 압박을 계속할 것"이라면서 공개적으로 한국에 대한 압박 의사를 표명했다(동아일보, 2019). 결국 한국 정부는 11월 22일 지소미아 종료 시한을 약 6시간 앞두고 지소미아 연장을 발표했다. 일본 역시 한국과 수출 규제와 관련된 협상을 재개하겠다고 발표했다. 당시의 긴박했던 상황을 정리하면, 이러한 결과는 미국이 지소미아 연장을 위해 막판까지 한일 양국을 적극적으로 중재했기 때문에 가능한 일이었다.

공식적으로 지소미아의 체결 목적은 중국이 아닌 북한의 군사 위협에 한일 두 나라가 공동 대응하기 위함이다. 한국 정부가 과거 식민 지배를 했던 일본과 첫 군사협정이라는 부담을 무릅쓰고 지소미아를 체결한 원인 역시 북한의 군사 위협 때문이라고 밝혀 왔다. 미국 역시 한일 군사협정에 대해 어디까지나 북한을 타깃으로 하기 때문에 지소미아와 관련하여 어떠한 막후 압력도 없었다고 공개적으로 밝힌 바 있다. 그러나 이러한 공식적인 입장과 달리 미국이 한국에게 지소미아 연장을 압박한 것은 지소미아가 한미일 삼각동맹에서 매우 중요한 역할을 하는 협정이기 때문이다. 그리고 삼각동맹의 주요 타깃은 다름 아닌 중국이다. 현 시기 미국의 대외 전략에서 가장 중요한 핵심이 중국 견제라는 것은 주지의 사실이다.

현재 한국에서는 미국이 중국을 견제하기 위해 만든 쿼드[QUAD, Quadrilateral Security Dialogue]에 참여해야 하느냐, 말아야 하느냐를 두고 논쟁이 벌어지고 있다. 표면상으로 한국은 아직 중국 견제를 위한 미국 주도의 기구에 동참하지 않는 모양새를 띠고 있다. 하지만 실상은 사드 배치와 지소미아 체결을 통해 이미 중국 견제에 깊게 발을 담그고 있는 실정이다.

미국은 공화당 정부건 민주당 정부건 한미동맹을 미일동맹에 종속화하는 것을 가시화하고 있다. 그 과정에서 미국은 한국이 과거사 문제를 덮어두고 일본과 군사협력을 강화할 것을 촉구하고 있다. 그러면서 과거사 문제를 제기하는 한국을 비난하고 일본에는 오히려 군사 강국화에 대한 지원과 지지를 아끼지 않고 있다.

한일 과거사 문제는 인권과 직접적으로 연관된 이슈이다. 하지만 미국은 중국 견제라는 공동 목표를 위해 인권 문제는 접어두고 힘을 모을 것을 주문하고 있다. 중국 견제라는 미국의 대전략에 도움이 된다면 미국이 그렇게 강조하는 인권 문제도 부차적이라는 의미이다. 그러면서도 미국은 중국과 북한의 인권 문제에 대해서는 '인권 외교'라는 미명 아래 다른 나라들이 중국·북한과 공동 이익을 추구하는 것은 비난하거나 막고 있다. 아이러니도 이런 아이러니가 없다.

5장

중국은 북한 문제 해결에 도움을 줄 수 있을까?

북한 문제라고 하면 북한 핵 문제, 북한 정권의 위기 등 북한과 관련하여 한반도, 나아가 동북아시아의 질서를 뒤흔드는 사안들을 통틀어 이르는 표현이다. 세부적으로 살펴보자. 1993년 북한이 핵확산방지조약^{NPT} 탈퇴를 선언하면서 본격화된 북한 핵 문제는 현재까지도 한반도뿐 아니라 동북아, 나아가 세계 평화를 저해하는 북한 문제 가운데서도 가장 세계적인 이슈이다. 체제 위기를 포함한 북한 정권의 위기도, 특히 급작스럽게 발생할 경우 한국, 중국 등 주변국들의 안보와 안정을 해칠 수 있기 때문에 중요한 이슈다. 뿐만 아니라 김씨 정권의 붕괴는 이후 북한 내 새로운 세력이 정권을 잡을 것인지 아니면 한반도 통일로 나아갈 것인지, 그것도 아니면 중국 군대가 북한 지역으로 밀고 들어올지 등 여러 시나리오가 그려질 수 있는 복잡한 국제적 사안이 될 수 있다.

지금까지 한국 정부는 경제적 이익과 함께 이러한 북한 문제 해결에서 중국에 도움을 구하거나 중국의 지지를 받을 필요성 때문에 중국에 대해 제 목소리를 내지 못했던 것이 사실이다. 그렇다면 중국은 북한 문제 해결에서 한국이 필요로 하는 도움을 줄 수 있을까? 안타깝게도 한국 정부의 바람과 달리 중국이 도움을 줄 수 있을 거라고 내다보는 것은 지나친 기대이다. 그 이유는 첫째, 북한은 중국을 신뢰하지 않기 때문에 중국이 원하는 대로 움직이지 않는다. 둘째, 우호적인 한중 관계를 위한 한국 정부의 노력이 향후 북한 문제와 관련하여 중국의 협력을 이끌어낼 것이라는 보장이 없다. 셋째, 중국이 설사 한국을 도우려고 해도 중국의 역량은 매우 제한적이다.

중국을 믿지 않는 북한 _____

북한과 중국 사이가 결정적으로 틀어진 계기는 1956년의 '8월 종파사건' 때문이다. 사회주의 모국인 소련은 스탈린 사후 많은 것이 바뀌었다. 1955년 10월에는 기존의 1인 독재가 아닌 집단적 지도의 부활을 선언했고, 1956년 2월 제20차 당대회에서는 당권을 장악한 니키타 흐루쇼프Nikita Khrushchyov가 스탈린의 독재 및 개인숭배를 공개적으로 비판하기까지 했다. 소련의 이러한 급격한 변화는 다른 사회주의국가들에도 빠르게 전파되었다. 북한도 예외는 아니었다. 1956년 2~3월 '경애하는 수령'이라는 호칭이 사라졌고, 북한에서도 개인숭배가 어느 정도 있었다는 것을 공식적으로 인정했다. 이러한 상황에서 1956년 8월 김일성이 소련과 동유럽에 원조를 요청하러 간 사이, 소련대사 이바노프Vasily Ivanov의 부추김에 최창익, 박창옥, 윤공흠, 서휘 등 소련파와 연안파 인물들이 호응하는 일이 벌어진다. 최창익, 윤공흠 등은 1956년 8월 3기 2차 전원회의에서 김일성을 공개적으로 비판하고 그를 주석직에서 물러나게 하려고 했다. 그러나 이후 '8월 종파사건'으로 불리는 이들의 시도는 사전에 정보를 입수한 최용건 등 빨치산파의 방해를 받아 실패했고, 연관된 인물들은 숙청되거나 외국으로 피신한다.

이때 소련과 함께 중국이 북한 내정에 간섭한다. 소련은 당시 부수상이었던 미코얀Anastas Mikoyan을, 중국에서는 한국전쟁 당시 총사령관이었던 국방장관 펑더화이彭德懷를 보내 상황을 수습하게 했다. 그들이 입석한 가운데 열린 9월 전원회의에서 김일성은 공개적으로 과오를 반성하면서 그에게 반기를 들었던 박창옥, 윤공흠 등을 복당시켰다. 물론 당시의 반성은 눈속임에 지나지 않았다. 김일성은 이후 중소분쟁이 시작되고 중국과 소련이 반목하는 틈을 타 박창옥, 윤공흠 등을 제거해버린다. 나아가 '당증 교환 사업'을 통해 전 사회적으로 자신의 독재에 조금이라도 걸림돌이 될 가능성이 있는 인물들을 숙청한다.

8월 종파사건은 김일성 독재를 한 단계 끌어올리는 역할을 했다. 그런 만큼 북한 정치 발전에서 매우 중요한 사건이다. 하지만 그 못지않게 북한의 대외관계에서도 중요했는데, 1956년을 기점으로 김일성의 생각이 크게 변화하기 때문이다. 즉 김일성은 소련과 중국이 언제까지나 자신을 지지하지는 않을 것이며, 필요하다면 어느 때고 다른 인물로 갈아치울 수 있다고 생각했다. 이후 김일성의 북한은 대외정책에서 '주체 노선'을 표방하며 이웃 사회주의국가인 중국과 거리두기에 나선다.

북한과 중국 사이를 갈라놓은 두 번째 사건은 중국의 문화대혁명이다. 중국 사회가 문화대혁명으로 혼란에 빠지자 이를 염려한 북한 정부는 이를 좌파 기회주의라고 비난하면서 확산 가능성을 차단했다. 이에 홍위병들은 대자보를 통해 김일성을 "흐루쇼프의 제자", "살찐 수정주의자", "돼지처럼 살찐 우둔한 독재자" 등의 표현으로 비하했고 이에 김일성은 크게 분노한다. 김일성은 홍위병들의 반김일성 목소리가 외세의 압력이라고 판단하고 중국의 영향력을 차단했다. 이에 북중 관계는 악화일로를 걷다 1970년 4월 저우언라이周恩來 중국 총리의 방북으로 어느 정도 개선된다. 하지만 문화대혁명 시기의 경험을 통해 김일성 치하의 북한은 중국의 영향력으로부터 벗어나기 위한 정책들을 보다 적극적으로 추진한다.

북한이 중국에 대해 크게 분개한 세 번째 사건은 북한이 외부의 도움을 가장 절실하게 필요로 했던 시기에 중국이 매정하게 도움을 끊었던 1990년대 초에 있었다. 중국은 북한 경제가 극히 어려웠던 1993년 관행이던 우호국 결제를 폐지하여 북한에 치명적인 타격을 주었다. 이후 경제 위기가 본격화되면서 식량난에 허덕이던 북한에 대해 중국은 자국 농산물 사정이 여의치 않다는 이유로—해외로부터 농산물을 사들일 충분한 여력이 있었음에도—1994년 대북한 농산물 수출을 전면 금지했다. 주지하다시피 북한은 이후 대규모 식량난과 기아 발생으로 최소 60만 명에서 최대 300만 명에 이르는 아사자가 발생한다. 당시의 상황을 고려하면 1994년 김일성이 사망하기 전에 김정일에게 남겼다는 유언, 즉 "중국을 믿지 말라"는 유지는 어찌 보면 당연한 일이다.

2000년대 북중 관계는 겉으로 보기에는 과거와 같은 갈등은 없었다. 하지만 북한 입장에서 중국은 자신들의 이해에 따라 언제든지 북한을 희생시킬 수 있는 나라이다. 그렇기에 김일성과 마찬가지로 김정일 역시 2011년 12월 사망하기 약 두 달 전에 다음과 같은 경고(10·8 유훈)를 남겼다. "역사적으로 우리를 가장 힘들게 했던 나라는 중국"이었으며, "중국은 현재 우리와 가장 가까운 국가지만 앞으로 가장 경계해야 할 국가가 될 수 있는 나라"이니 "그들에게 이용당하지 않도록 해야 한다".

국가 이익이 대북정책의 기준인 중국 ____

한중 관계의 개선을 위한 한국 정부의 노력이 향후 북한 문제를 해결하는 데 있어서 중국의 정책에 영향을 미칠 것이라는 보장도 없다. 한반도에서 급변 사태가 발생할 경우 또는 남북한 통일 과정에서 중국 정부가 어떤 특정 정책을 취한다면 그것은 어디까지나 한국을 위해서가 아니라 당시 상황에서 중국의 국가 이익에 가장 부합하는 정책을 펼 것이기 때문이다. 즉 현 상황에서 한국 정부가 중국 정부와 좋은 관계를 유지한다고 해도 언제가 될지 모르는 미래 상황에서 중국이 한국을 도와줄 거라고 기대하는 건 부질없는 일이라는 것이다.

중국은 앞서 살펴보았듯이 북한과의 관계에 있어서도 자국의 이익에 도움이 되지 않는다고 판단하면 쉽게 버리는 태도를 취했다. 그에 반해 북한이 필요할 때는 '혈맹', '순망치한脣亡齒寒'(입술이 없으면 이가 시리다) 등의 입에 발린 표현을 구사하며 북한을 보듬는 정책을 실시했다. '중국의 이익'이라는 일관된 기준에 따라 대북정책을 취한 것이다.

예를 들어, 현재 북한이 가장 힘들어 하는 2017년의 유엔 대북제재도 유엔 상임이사국인 중국의 결의안 찬성이 없었다면 불가능했다. 이와 관련하여 여러 이유가 있겠지만 가장 직접적인 것은 당시 미국 트럼프 행정부가 연일 예고하던 중국에 대한 고강도 제재 조치들을 중국은 어떻게든 피하고 싶어했고, 이를 위해 북한과의 관계를 희생했다는 것이다. 당시 중국 정부는 전례 없는 수준의 유엔 제재로 북한이 막대한 피해를 입을 것이라는 점을 충분히 예측할 수 있었다. 하지만 미국과의 관계 증진이 자국의 이익에 보다 중요하다고 판단했던 것이다.

중국의 대북정책은 북미 싱가포르 정상회담 이후 180도 선회한다. 북한과 미국의 관계가 급진전하는 방향으로 정세가 바뀌자 태도를 바꾼 것이다. 시진핑 집권 초기에 중국의 공개적인 반대에도 불구하고 북한의 거듭된 핵·미사일 시험발사로 북중 관계는 상당히 악화되었다. 이에 2014년 시진핑은 전례를 깨고 북한보다 한국을 먼저 방문하여 한중 정상회담을 갖기도 했다. 하지만 이러한 상황은 트럼프 대통령과 김정은 위원장의 정상회담 개최를 즈음하여 급변한다. 북미 관계 개선으로 동아시아 국제관계가 급격하게 재편되는 듯한 상황에 이르자 한반도에서의 영향력 상실을 두려워한 중국이 북한에 대해 구애 공세를 펼친 것이다. 이후 북중 관계는 유엔 대북 제재로 경제적 어려움에 처해 있던 북한이 중국의 구애에 호응하면서 급격히 개선된다.

북중 두 정상은 2018년 3월부터 2019년 6월까지 5차례 정상회담을 가지면서 양국의 관계 증진에 적극적인 모습을 보였다. 특히 가장 최근의 정상회담인 2019년 6월 20일 회담에서 시진핑 주석은 "국제 정세가 어떻게 변하든 중국은 북한의 사회주의 사업과 새로운 전략 노선, 한반도 문제를 정치적으로 해결하여 한반도의 영구적 안정을 실현하려는 모든 노력을 확고히 지지한다"고 강조했다(노컷뉴스, 2019). 실제로는 '국제 정세가 변했기 때문에' 북한에 대해 적극적으로 구애에 나선 것이지만 성명에서는 이를 부인한 것이다.

이후 두 나라의 관계는 북한에 실질적으로 도움이 되는 방식으로 전개되었다. 가장 대표적으로 중국 관광객 유치를 통한 외화벌이를 들 수 있다. 2018년과 2019년 북한을 찾은 관광객 수는 각각 10만 명 정도였는데, 그중 약 80%가 중국 관광객이었다. 관광산업은 대북 제재에 포함되지 않기 때문에 중국 입장에선 북한을 지원하는 묘책이라고 할 수 있었다. 북한 역시 이에 적극적으로 호응하여 보다 많은 관광객을 유치하기 위해 노력했다. 대규모 관광시설을 새롭게 짓거나 기존 관광시설을 개조하는 공사를 벌인 것이다. 2019년 11월 김정은의 지시로 금강산의 현대 건물을 허물려고 한다는 소식이 전해진 것도 그러한 이유에서다. 대규모 관광시설을 지어 보다 많은 중국 관광객을 유치하려고 한 것이다.*

중국은 싱가포르 정상회담 이전까지는 유엔 대북 제재로 북한에 도움을 줄 수 있는 여지가 거의 없다는 이유를 대며 북한에 우호적인 정책을 취하지 않았다. 그러다 '여러 정세가 변하는 상황이 되자' 그제야 적극적으로 관계 개선을 위한 조치에 나섰다. 이를 통해 알 수 있듯 중국이 북한에 우호적인 정책을 취하느냐 그러지 않느냐는 북한의 사정을 참작해서도, 북한이 혈맹이어서도 아니다. 어디까지나 '중국의 이익'이라는 일관된 기준에 따른 결과인 것이다.

* 북한의 관광객 유치를 통한 외화벌이의 꿈은 코비드-19의 창궐로 산산이 부서졌다. 코비드-19 이후 북중 무역 하락폭은 오히려 유엔안전보장이사회(유엔안보리) 제재로 인한 폭보다도 훨씬 크다. 중국해관총서의 통계에 따르면, 2020년 북중 무역 총액은 5억 3,900만 달러로, 전염병 발생 이전인 2019년과 비교하여 80.7% 감소했으며, 2021년 1월부터 7월까지 무역 총액은 8,665만 달러로 전년 동월 대비 82.1% 감소했다(한 센둥, 2021).

북한 문제 해결에서 중국의 한계 _____

중국이 북한 문제 해결을 위해 할 수 있는 역할은 매우 제한적이다. 예컨대 지금까지 북한이 핵 개발과 실험을 하면서 중국의 눈치를 본다거나 중국의 허락을 구한 사례는 없다. 핵실험을 할 때 단지 중국에 통고만 할 뿐이었다(2016년 1월의 4차 핵실험 때는 통보조차 하지 않았다).

　북한 문제 해결에서 중국의 역할을 과대평가하면 오히려 대외 전략에서 오판을 초래할 수 있다. 예컨대 박근혜 대통령은 북한 핵 문제 해결에 중국이 큰 역할을 할 수 있다고 믿고 취임 직후부터 파격적으로 친중국 정책을 시행했다. 특히 2015년 9월에는 천안문 성루 위에서 시진핑 국가주석과 블라디미르 푸틴 러시아 대통령 옆에서 '항일승전 70주년'을 기념하는 중국 인민해방군의 열병식을 지켜보기까지 했다. 당시 중국 정부가 가장 중시한 두 번째 국가의 모습까지 보여주었던 것이다. 하지만 2016년 북한의 4차 핵실험 직후 시진핑 국가주석과의 통화를 통해 중국이 북한 비핵화에 도움을 줄 수 없다는 상황에 직면하자 박근혜 대통령은 기존의 친중국 노선과 전면 배치되는 사드 배치를 결정한다. 이는 앞서 설명한 바와 같이 미국의 중국 견제에 직접적으로 동참하는 행위로 한국에 외교적, 경제적 시련을 초래했다. 박근혜 대통령의 이러한 일련의 판단은 애초 북한 문제 해결에서 중국에 너무 큰 기대를 걸었기 때문이다. 그리고 그 결과는 우리가 익히 알고 있듯 한국 사회에 적지 않은 피해를 입혔다.

중국이 직접적으로 북한 문제 해결에 기여할 여지가 적다면 과거의 6자회담같이 중국이 다자간 협상의 구성원으로서 도움을 줄 수 있지 않을까, 하는 질문을 던질 수도 있을 것이다. 하지만 이 역시 2000년대 초와 현 상황은 많이 다르기 때문에 여지가 매우 적다고 할 수 있다. 미중 패권 경쟁이 심화된 지금 상황에서 미국과 중국이 포함된 다자간 협상은 구성되기도 어렵고, 설사 구성된다고 해도 미국과 중국이 한목소리를 내기가 쉽지 않다. 오히려 북핵 문제를 둘러싸고 미중 양국의 대립이 심화될 가능성이 더 크다. 그럴 경우 핵 협상 자체의 실패는 물론이거니와 한반도 문제가 패권 경쟁의 전면으로 부상되어 동아시아의 평화와 안정을 깨뜨릴 수 있다. 더군다나 다자간 협상에는 일본 역시 포함될 수밖에 없다. 그런데 일본은 북한 핵 문제 해결보다는 일본인 납치 문제 해결을 더 시급한 과제로 생각하는 나라이다. 즉 미국, 중국, 일본이 각기 다른 목소리를 내는 상황에서 북한 문제 해결을 위한 다자간 협상이 성과를 거두기란 불가능에 가까운 일이다.

중국 경제의 침체 가능성 __

장기적으로 중국의 한계를 말할 때 중국의 국력 변화를 가늠해보는 것도 필요하다. 이와 관련하여 미중 패권 경쟁하에서 미국을 위시한 자유민주주의 국가들로부터 점차 커지는 중국에 대한 경제 압박의 부정적 영향에 대해 생각해볼 필요가 있다. 이는 중국이 강점을 보이는 IT 및 빅데이터 등의 4차 산업혁명 분야에서 세계적인 중국 기업의 출현을 막을 수도 있다는 점에서 중국 경제의 미래에 먹구름을 드리우는 요소다.

중국 경제의 미래를 말할 때 보다 중요한 관건은 시진핑 장기 집권하에서의 자본주의 혁신의 지체 가능성이다. 지금의 시진핑 시대 중국은 이미 이전의 후진타오 시대의 중국과 상당히 다른 모습을 보이고 있다. 정치·사회·경제 등 중국의 모든 부문에 망라된 변화가 시진핑의 독재 움직임과 그 궤를 같이한다. 중국공산당의 이러한 정책 변화는 덩샤오핑 이래 전專을 중시하던, 즉 실용성을 중시하던 경향에서 마오쩌둥 시대와 같이 홍紅을 중시하는, 즉 공산당 이데올로기를 중시하는 경향으로 후퇴하고 있다는 평가를 받고 있다.

중국은 개혁개방 이후 전을 중시하면서 시장경제를 본격적으로 받아들여 경제성장을 이루어나갔다. 특히 2001년 11월의 WTO 가입은 중국 경제를 세계 경제와 연계하며 중국 자본주의의 고도화를 촉발했다. 이후 특히 IT 산업 부문에 등장한 혁신기업가들이 주도하며 자본주의의 고도화가 이루어졌다. 그 결과 중국은 핀테크, AI 기술 등 고부가가치 분야를 포함한 많은 부문에서 세계적 수준의 뛰어난 성과를 거두는 경제대국으로 자리했다.

개혁개방 이후 중국의 경제성장 단계를 크게 둘로 나누어볼 수 있는데, FDI 등 해외로부터 들여온 자본과 기술이 중국의 경제성장을 이끈 첫 번째 단계와 중국 내 기업가들, 특히 IT 분야 기업가들이 경제성장을 추동한 두 번째 단계이다(중국을 미국과 경쟁하는 경제대국으로 이끌고 있는 것은 첫 번째 단계보다는 두 번째 단계라고 볼 수 있다. 이는 특히 알리바바, 텐센트, 바이두 등이 이끄는 중국의 IT 분야 혁신기업들이 선도하고 있다. 미국 등 서방 국가에서는 중국의 경제성장이 첫 번째 단계에서 그칠 것이라고 보았다. 따라서 지금과 같은 미중 패권 경쟁을 예측하지 못했다).

중국 경제성장의 두 번째 단계에서 공산당의 기여는 미미했다. 그럼에도 공산당은 중국의 혁신기업가들에 의해 가능했던 기록적 경제성장과 중국 내 빈곤 문제의 해소를 자신들의 뛰어난 지도에 의한 것으로 포장해왔다. 더욱이 이제는 혁신이 주도하는 자본주의 경제성장에 대한 이해가 결여된 채 황금알을 낳는 거위의 배를 가르듯 혁신기업에 대한 억압과 통제를 본격화하고 있다. 예컨대 2020년 가을 공산당은 중국 금융 당국을 향해 "전당포처럼 운영한다"고 비판했다는 이유로 알리바바의 창립자 마윈을 소환하고, 알리바바의 자회사 중 하나인 앤트그룹의 역사상 최대 규모의 기업공개IPO를 중단시켰다. 이후 중국 당국은 앤트그룹을 포함한 핀테크 기업들이 방만하게 운영되면서 소비자들이 피해를 본다고 주장하며 핀테크 기업에 대한 규제를 강화하고 부실투성이인 중국의 국가은행이 금융의 주도권을 되찾도록 하는 데 역량을 집중하고 있다. 그 결과 세계 최대의 핀테크 기업으로 꼽히던 앤트그룹을 포함한 중국 핀테크 기업들은 성장은커녕 존속마저 위태로운 상황에 놓여 있다.

한편 2021년 8월 17일에는 시진핑 주석이 중앙재정경제위원회

제10차 회의에서 중국의 목표를 '공동부유共同富裕', 즉 '함께 잘사는 사회'로 공식화했다. 사실 시진핑이 처음 공동부유를 제시한 것은 아니다. 이미 마오쩌둥의 초기 시기인 1950년대의 정책 목표 중 하나가 공동부유였다. 그리고 그 결과는 처참한 실패였다. 공동부유를 목표로 삼았던 대약진운동이 수천만 명의 아사와 함께 실패로 끝나면서 종적을 감추었던 공동부유가 시진핑 시대에 다시 부활한 것이다. 이는 개혁개방 이래 심화된 빈부격차와 불평등에 대한 불만이 고조된 상황에서 부유하지 못한 대부분의 중국 국민들에게 어필하여 시진핑의 독재를 지속·강화하고자 하는 시도라고 할 수 있다. 덩샤오핑의 선부론先富論에 대비되는 마오쩌둥의 공동부유를 강조하며 독재를 강화해나가는 시진핑의 중국에서 자본주의의 혁신은 점점 힘을 잃을 수밖에 없다.

냉전 시기 미국과 소련의 경쟁은 소련의 패배로 끝이 났다. 하지만 그 패배의 원인은 군사력의 열세가 아닌 생산성의 열세였다. 시진핑 시대 중국의 평균 경제성장률은 7%대로, 이는 이전 후진타오 시대의 경제성장률 10%에 비해 상당히 감소한 수치이다. 현재와 같은 노선을 추구하는 공산당의 통치가 계속된다면 중국 경제는 보다 큰 낙폭을 보이는 하향곡선을 그릴 수밖에 없다. 즉 시진핑 독재가 지속·강화된다면 미중 패권 경쟁의 결과는 너무도 자명하며, 세계 2위의 경제대국이라는 현재의 지위 역시 위태로워질 수밖에 없다.

새로운 한중 관계가 필요한 이유 _____

미중 패권 경쟁이 심화되면서 많은 자유민주주의 선진국들이 미국 편에 서서 본격적으로 중국 견제에 동참하고 있다. 한국은 예외적으로 중국 견제에 나서기보다 중국과의 관계 강화에 힘써왔다. 하지만 이에 대한 보답으로 중국이 한국에 해준 것은 크지 않다. 여전히 사드 배치 후 시행된 한한령이 계속되고 있으며 한국 기업에 대한 제재 조치 역시 지속되고 있다.

한국 정부가 중국 정부에 수세적 태도를 보이는 것은 북한이라는 존재를 염두에 두고 있기 때문이다. 하지만 앞에서 설명한 대로 중국은 북한 문제 해결에서 한국이 필요로 하는 도움을 줄 수 없다. 따라서 이제는 북한을 염두에 둔 수세적 태도보다는 보다 주도적으로 대중 관계를 설계하고 실행해야 한다. 좀 더 적극적으로 우리의 요구 내용을 중국 정부에 전달해야 하고, 또 그렇게 해야만 한국의 경제성장 둔화를 막을 수 있다. 중국이 한국의 경제성장에서 차지하는 몫이 전체의 약 4분의 1에 달하는 상황에서 예상되는 중국 경제의 침체는 한국의 경제성장에 치명적인 결과를 낳을 것이다. 보다 실용적인 한중 관계의 추구만이 중국 경제 침체의 파급력을 약화시킬 수 있다.

신냉전에서 살아남기

\ 6장 \

북일 관계가 개선되려면
납치 문제가 선결되어야 할까?

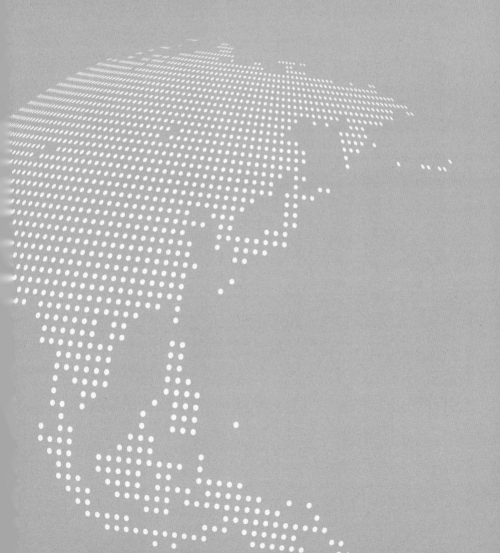

지금까지 북한과 일본의 관계 개선에서 가장 큰 장애물은 뭐니 뭐니해도 북한의 일본인 납치 문제라고 할 수 있다. 일본인 납치 문제는 1970~1980년대에 북한 공작원들이 일본인들을 납치한 일에 대한 조치를 둘러싸고 벌어지는 북일 양국의 외교적 사안을 말한다. 당시 북한은 북한 공작원의 신분 위장, 북한 공작원의 일본인 행세를 위한 일본어 교육 등을 이유로 일본인들을 납치했다. 하지만 납치 의혹에 대해 북한은 시종일관 완강하게 부인해왔는데, 2002년 9월 김정일-고이즈미 제1차 북일정상회담을 통해 처음으로 일본인 납치를 시인했다.

　북한에서 김정일의 '통 큰 결단'이라고 찬양하는 일본인 납치 인정은 그러나 이후 북일 관계에서 결정적인 장애가 되었다. 납치

인정 이후 일본 국내 여론이 오히려 크게 악화되면서 북일 국교 정상화에 반대하는 목소리가 이전보다 훨씬 커졌기 때문이다. 결국 김정일과 고이즈미의 국교정상화 회담은 결실을 보지 못했을 뿐만 아니라, 이후 회담 자체가 재개되지 못하는 상황이 되었다. 게다가 2004년 11월, 13세의 어린 나이로 납치되어 대표적인 납치 피해자로 꼽히는 요코다 메구미橫田惠의 유골이 일본에 전해졌는데, 일본 정부가 유전자 분석 결과를 바탕으로 다른 사람의 유골이라고 발표하면서 상황은 더 악화되었다. 많은 일본인들이 요코다 메구미의 유골 사건을 북한이 일본을 공개적으로 우롱한 처사라고 생각하여 매우 격앙된 태도를 보인 것이다.

6-1 표에서 볼 수 있듯이 일본인들에게 일본인 납치 문제는 북한의 핵 개발이나 미사일 문제보다도 중요하게 여기는 전 국민적 관심사이다. 아베 전 총리를 비롯하여 현 일본 자민당 정부의 유력 정치인 중에도 납치 문제와 관련하여 다양한 활동을 전개해온 인물들이 다수 포함되어 있다. 일본 정치계는 일본 여론을 움직일 수 있는 중요한 동인으로 일본인 납치 문제를 보기 때문에 특히 선거를 앞두고 적극적으로 동원한다. 즉 북일 관계 측면에서뿐만 아니라 일본의 국내 정치 측면에서도 일본인 납치 문제는 특히 우파 정치인들에 의해 부각되어왔다.

일본 정부는 현재까지 17명을 납치 피해자로 본다. 그중 5명은 2002년 10월에 귀국했고, 모두 생존해 있다는 가정하에 다른 납치 피해자들도 즉각 귀국할 수 있도록 북한 당국에 요청하고 있

관심 순위	2000년	2006년	2012년	2018년
1	일본인 납치 68.6%	일본인 납치 86.7%	일본인 납치 87.6%	일본인 납치 81.4%
2	미사일 문제 52.1%	핵개발 문제 79.5%	핵개발 문제 59.1%	핵개발 문제 66.7%
3	식량 지원 50.5%	미사일 문제 71.5%	미사일 문제 49.6%	미사일 문제 59.9%
4	남북문제 47.9%	밀수·마약 46%	정치체제 41.7%	정치체제 38.2%
5	핵개발 문제 39.3%	정치체제 44.5%	탈북자 문제 35.1%	탈북자 문제 29.5%

6-1 북한에 대한 일본인의 관심 정도(이기완, 2013; 최은미, 2019).

다. 일본 정부는 이러한 요청이 받아들여지지 않는 한 북일 관계 개선은 불가하다는 입장이다. 반면 북한은 일본인 납치 문제는 이미 해결되었으며, 일본의 지속적인 문제 제기는 북일 관계 개선을 미루기 위한 하나의 핑곗거리에 불과하다고 주장한다.

그렇다면 과연 일본인 납치 문제가 해결되지 않으면 북일 관계 개선은 요원한 일일까? 그렇지는 않다. 현재 북한과 일본은 일본인 납치 문제를 두고 외형상 평행선을 달리는 것처럼 보이는 것이 사실이다. 하지만 북미 비핵화 협상이 타결되거나 타결이 가시화되는 상황에 이르면 일본은 기존과 다른 유연한 태도를 보일 가능성이 크다. 북한과의 관계 개선을 계속 미룰 경우 미국 주도로 새롭게 구성될 동아시아 국제관계 형성 과정에서 소외될 가능성이 크기 때문이다. 그럴 경우 국내외적으로 비판에 휩싸일 수 있기 때문에 북한과의 관계 개선에 적극적으로 나설 것으로 보인다. 그와 관련한 보다 상세한 근거를 살펴보자.

북일 관계 개선의 최대 장애물 _____

북한 김정은 국무위원장은 최고지도자에 오른 후 일본과의 관계 개선에 매우 적극적이었다. 그의 집권 초기 북한은 핵·장거리미사일 실험을 계속해나갔고, 그에 따라 남북한 및 북미 관계는 냉각기였다. 또한 중국의 반대를 무릅쓰고 추진한 실험이었기에 중국과의 관계도 한동안 소원한 상태가 지속되었다. 이러한 상황에서 일본과의 관계 개선은 북한으로선 외교적 고립의 타개는 물론이고 다음의 몇 가지 추가적인 장점을 기대할 수 있었다. 첫째, 일본이 북한에 가한 제재 중 일부라도 해제가 될 경우 북한 경제에 큰 도움이 될 수 있다. 둘째, 북일 국교정상화 회담이 재개될 수 있고 그에 따른 경제적 지원을 얻을 수 있다. 한일 국교정상화 당시 일본이 한국에 지원한 금액은 약 5억 달러였다. 지금 시세로 약 100억 달러에 해당하는 금액이다. 일본 외무성에서도 북일 국교정상화가 이루어질 경우 최소 100억 달러의 지원을 고려한 바 있다(2002년 고이즈미 총리가 방북하여 김정일 국방위원장과 약속한 금액을 토대로 산출한 것이다). 이는 북한의 1년 예산을 뛰어넘는 금액이며 북한 경제성장에 중요한 기폭제가 될 수 있다(연합뉴스, 2018). 셋째, 한미일 삼각공조 움직임이 강화되는 상황에서 일본과의 관계 개선은 한미일 세 나라의 공조에 균열을 일으킬 수 있다.

당시 일본의 총리는 아베 신조. '납치의 아베'로 불리는 인물이었다. 그가 그런 별명으로 불린 이유는 납치 문제와 관련하여 일본에서 목소리가 가장 큰 인물이었고, 이를 바탕으로 단번에 유력 정치인으로 떠올랐기 때문이다. 아베는 2002년 9월 평양에서 열린 북일 정상회담에 앞서 고이즈미 총리에게 "북한이 일본인 납치 사건을 시인하고 사죄하지 않으면 북일 공동성명에 서명해서는 안 된다"고 강하게 주장함으로써 김정일 국방위원장이 일본인 납치를 사실로 인정하는 데 결정적인 역할을 했다. 그는 납치 문제에 대해 강경한 주장을 펴면서 대중적 인기를 얻을 수 있었다. 결국 이를 통해 고이즈미의 후계자가 되어 2006년 9월 총리에 선출되었다. 그는 총리가 되자마자 납치 문제 해결에 앞장서는 모습을 보였다. 시오자키 야스히사塩崎恭久를 납치문제담당상, 나카야마 교코中山恭子를 납치담당 총리 보좌관으로 임명하고, 스스로 본부장을 맡은 납치문제대책본부를 설치했다.

아베 내각이 북한과의 관계 개선에 관심을 보였던 이유를 크게 대외적, 대내적 관점으로 나눠보면 다음과 같다. 우선 대외적으로는 한반도에 대한 영향력 강화를 통해 역사 문제, 야스쿠니신사 참배 문제 등이 초래한 동아시아에서의 외교적 고립을 타개하는 것이 목적이었다. 그에 비해 대내적 이유는 납치 문제 해결을 위해 정부가 노력하고 있다는 것을 국민들에게 보여줌으로써 선거에서 승리하는 것이었다. 이러한 이유로 아베 정부는 2013년 5월 14일 이지마 이사오飯島勳 내각관방 참여參與를 북한에 파견해 대화의 물꼬를 텄고, 약 1년 후인 2014년 5월 28일에는 북한과 스톡홀름 합의를 도출했다. 스톡홀름 합의는 2013년 제3차 핵실험 이후 북한의 안보 위협이 고조된 상황에서 진행되었다. 특히 한미 양국과 특별한 협의 없이 진행된 탓에 한국과 미국을 포함한 국제사회에 커다란 파장을 일으켰다.

스톡홀름 합의 몇 달 전인 2014년 3월 10일에는 일본인 납치 문제의 상징적 인물인 요코다 메구미의 딸 김은경과 일본에 거주하는 그녀의 부모가 몽골의 울란바토르에서 처음으로 만났다.* 3월 19일에는 중국 선양에서 북일 적십자 회담도 개최되었다. 여기서 납치되었던 일본인의 유골 반환과 일본 거주 가족들의 북한 현지 성묘에 대한 합의가 이루어졌다. 이 두 만남을 기점으로 3월 20일에는 2012년 11월 이후 중단되었던 북일 국교정상화를 위한 국장급 협의도 베이징에서 재개되었다.

북한이 2002~2004년에 해결되었다고 선언했던 일본인 납치 문제에 대해 재조사 협상을 받아들이면서까지 일본과 관계 개선을 모색한 이유는 경제적인 면에서 찾을 수 있다. 김정은 집권 후 새롭게 추진한 경제 건설에 꼭 필요한 자본을 일본으로부터 얻어내려는 이유가 가장 컸던 것이다.

스톡홀름 합의 또는 '5·28 합의'의 주요 내용을 북한과 일본으

---

* 당시 요코다 메구미의 부모는 김은경에게 일본에 와서 살 것을 제의했으나 김은경은 가족과 친구들이 있는 곳에서 계속 거주하고 싶다며 북한에 머무는 길을 택했다.

로 나누어 살펴보면 다음과 같다.

양국은 '북일 평양선언'에 따라 불행했던 과거를 청산하고 현재의 당면 문제를 해결하며 서로 간의 국교정상화를 조속히 실현하기 위해 진지한 협의를 진행했다. 쌍방은 이른 시일 내 다음의 구체적 조치들을 실행에 옮기고 이를 위해 긴밀한 협의를 추진한다.

가. 북한 측

첫째, 1945년을 전후하여 조선령 내에서 사망한 일본인의 유골 및 묘지와 잔류 일본인, 일본인 배우자, 납치 피해자 및 행불자를 포함한 모든 일본인에 대한 조사를 포괄적이고 전면적으로 실시하기로 하였다. 둘째, 조사는 (…) 모든 분야에 대해 동시 병행적으로 진행하기로 하였다. 셋째, 모든 대상에 대한 조사를 구체적으로 진지하게 진행하기 위하여 특별한 권한을 부여받은 '특별조사위원회'를 내오기로 하였다. (…) 다섯째, 납치 문제에 대해서는 납치 피해자 및 행불자에 대한 조사 정형을 수시로 일본 측에 통보하며 조사 과정에서 일본인 생존자가 발견되는 경우 그 정형을 일본 측에 알려주고 귀국시키는 방향에서 거취 문제와 관련하여 협의하고 조치를 취하기로 하였다.

나. 일본 측

(…) 둘째, 조선 측이 '특별조사위원회'를 내오고 조사를 개시하는

시점에서 (…) 조선에 대해 취하고 있는 특별한 규제 조치, 인도주의 목적의 조선 국적 선박의 일본 입항 금지 조치를 해제하기로 하였다. (…) 넷째, 조선 측이 제기한 과거의 행불자들에 대해 계속 조사를 실시하며 조선 측과 협의하면서 적절한 조치를 취하기로 하였다. (…) 일곱째, 인도주의적 견지에서 적절한 시기에 조선에 대한 인도주의 지원을 실시하는 것을 검토하기로 하였다.

그러나 스톡홀름 합의는 합의 과정에서부터 실패를 예견하게 하는 요인이 많았다. 예컨대 북한은 만경봉 92호*의 일본 입항을 허락해달라고 일본에 요구했지만 거절당했다. 또한 일본은 북한에 일본인 납치 문제의 전면 재조사, 그리고 납치 피해자의 현황과 정보 공개 등을 원했다. 그러나 이러한 정보들을 북한이 일본에게 제공한다고 해도 일본이 대북 제재를 해제할 것이라는 약속이 이루어지지 않은 상황에서 북한이 해당 내용을 수용하기란 쉽지 않았다.

일본은 스톡홀름 합의 후 1년이 지나도 납치 문제 해결을 위한 북한의 조사가 만족할 만큼 이루어지지 않자 공개적으로 실망감을 표명하고, 2006년 북한의 1차 핵실험 이후 시행하고 있던 독자적 대북 제재 조치를 해제하지 않기로 했다. 나아가 2016년 1월과

---

* 만경봉 92호는 1992년 일본 내 총련계 재일교포 기업인들로부터 후원을 받아 만들어진 선박으로 북한 원산–일본 니가타를 왕복 운항하면서 총련계 교포들이 보내는 물자와 돈을 실어나르는 대형 선박이다.

신냉전에서 살아남기

2월에 벌어진 북한의 핵·미사일 실험을 이유로 스톡홀름 합의에 따라 일부 완화했던 제재 조치를 부활시켰다. 또한 모든 북한 선박과 북한을 기항한 제3국 국적 선박의 입항을 금지하고 '인도적 목적의 10만 엔 이하 송금'을 제외한 모든 송금을 금지했다. 결국 스톡홀름 합의의 모든 성과는 2016년 초에 무위로 돌아갔다.

스톡홀름 합의가 실패한 보다 근본적 원인은 경제적 어려움을 단번에 타개하고자 했던 북한과 그러한 북한의 입장을 이용하여 일본인 납치 문제를 손쉽게 해결하려고 했던 일본이 진심으로 합의를 이행할 생각 없이 합의했기 때문이다. 특히 일본의 경우 합의의 모색과 타결 과정에서 북한 핵 문제 해결에 집중하고 있던 미국과 협의가 없었다는 점은 시사하는 바가 크다. 북한과의 협의 과정에서 보여준 일본 정부의 태도는 일본인 납치 문제가 북핵 문제보다도 중요한 문제이며, 일본인 납치 문제가 해결되면 설사 북핵 문제가 해결되지 않더라도 북한과 관계 개선을 이룰 수 있을 것처럼 행동했다. 그러나 이는 기만에 가깝다. 일본의 대외정책은 미국의 동아시아 정책과 긴밀하게 연계되어 있다는 점을 감안하면, 북핵 문제 해결 없이는 불가능한 사안이기 때문이다. 즉 북핵 문제가 먼저 해결되지 않으면 (설사 일본인 납치 문제가 해결된다고 해도) 북한에 대해 어떠한 경제적 지원 및 제재 해제도 없을 거라는 미국의 입장을 거스르면서까지 북일 관계 개선을 이룰 의도가 애초부터 일본에는 없었기 때문이다.

북한 핵 문제 해결을 위한 북미 또는 북미를 포함한 다자간 합의의 타결 없이 북일 양국만의 관계 개선은 구조적으로 불가능하다. 거꾸로 말하면 북핵 문제 해결과 북미 관계 개선을 포함한 동아시아 국제질서의 변화가 수반될 때 비로소 진정한 북일 관계의 개선이 가능하다. 실제로 일본 정부는 북미 간 핵 협상 및 관계 개선이 진지하게 논의됐던 2018년 북미 정상회담을 전후하면서부터 북한과의 관계 개선에 커다란 열의를 보였다.

싱가포르 회담 이후 현재 _____

2018년 6월 12일 북미 싱가포르 정상회담을 전후해 일본의 대북 정책은 변화하기 시작했다. 아베 총리는 정상회담이 마무리된 직후인 6월 14일 관계 당국에 김정은 위원장과 조기에 정상회담을 가질 수 있도록 지시를 내렸다. 그리고 이를 시작으로 아베 내각은 북한과의 관계 개선 의도를 적극적으로 내비친다. 일본인 납치 문제 해결을 촉구하며 먼저 일본을 만족시킬 만한 조치를 취하지 않으면 북일 관계 개선을 위한 대화에 나서지 않겠다던 과거의 태도와는 매우 대조되는 모습이라고 할 수 있다.

아베 총리의 지시 이후 일본 정부는 북일 정상회담을 성사시키기 위해 심혈을 기울였다. 2018년 7월 기타무라 시게루北村滋 내각 정보관이 북한의 김성혜 통일전선부 책략실장과 베트남에서 회담을 가졌다. 이와 관련하여 특히 일본 외무성이 아닌 내각 정보 책임자를 통해 북한과 접촉한 사실이 주목할 만하다. 보통 정보기관을 통한 접촉이 상대적으로 이른 시일 내의 성과를 목표로 진행되는 것임을 감안하면 아베 총리가 김정은 위원장과의 정상회담을 얼마나 시급한 과제로 여겼는지 유추해볼 수 있다.

2018년 8월 4일, 아세안지역포럼 회의에 참석한 고노 다로 외무상도 이용호 북한 외무상에게 아베 총리와 김정은 위원장의 북일 정상회담 가능성을 타진했다. 이는 〈아사히신문〉 등에서 일본도 한국과 미국 정상처럼 아베 총리가 나서서 북한 김정은 위원장과 직접 대화를 통해 북한 사회의 변화를 촉진해야 한다고 밝힌 며칠 뒤의 일이었다(박영준, 2019). 즉 일본의 정치 및 시민 사회 모두 북일 관계 개선의 시급성에 대해 어느 정도 의견 일치가 이루어졌다고 볼 수 있다.

아베 총리는 며칠 뒤인 8월 6일 히로시마에서 가진 기자회견에서 남북 정상회담 및 북미 정상회담에서 다룬 '한반도 비핵화' 문제가 신속하고 완전히 이행되기를 기대한다면서, 자신도 김정은 위원장과 정상회담을 통해 핵·미사일 문제, 그리고 일본인 납치 문제를 해결해서 이전과는 다른 새로운 북일 관계를 만들 용의가 있다고 밝혔다. 그는 국제 무대에서도 공개적으로 북한과의 관계 개선 의지를 밝혔다. 유엔총회 기간인 2018년 9월 25일 한일 정상회담에서 문재인 대통령이 아베 총리에게 김정은 위원장이 일본과 적절한 시기에 대화 및 관계 개선을 도모하고 싶다고 말했다고 하자 아베 총리 역시 자신도 김정은 위원장과 직접 대화를 갖고 북일 간 상호 불신에서 탈피하고 싶다고 말했던 것이다.

아베 총리는 2018년 10월 24일 일본 의회에서 행한 소신표명

연설을 통해 미일동맹과 한미일 정책 공조하에 한반도에서의 비핵화 추진을 밝혔다. 그는 김정은 위원장과도 직접 만나 핵·미사일 문제와 함께 일본인 납치 문제를 해결하고, 북일 국교정상화를 이룩하겠다고 공표했다. 북일 정상회담에 대한 그의 의지는 다음 해에도 이어졌다. 그는 2019년 1월 28일 의회에서 행한 시정방침 연설에서 2019년에는 김정은 위원장과의 직접 회담을 통해 북한 핵·미사일 문제, 일본인 납치 문제를 해결하고 북일 국교정상화를 이룩하겠다고 재차 밝혔다.

아베 총리는 2019년 5월, 일본인 납치 문제에 진전이 있을 경우 북일 정상회담을 열 것이라는 과거의 입장에서 벗어나, 공개적으로 조건 없이 북한과 정상회담을 개최할 수 있다고 말했다. 이러한 입장은 2019년 9월 뉴욕에서 열린 유엔총회 일반토론연설에서도 재확인되었다. 이 자리에서 그는 "조건을 달지 않고 김정은 위원장과 직접 마주 대할 결의를 갖고 있다. 납치, 핵, 미사일 문제 등 모든 현안을 포괄적으로 해결해 불행한 과거를 청산하고 국교정상화를 실현하는 것은 불변의 목표"라고 선언했다(연합뉴스, 2019).

일본 정부는 북일 정상회담 타진과 함께, 신뢰 구축 차원에서 대북 군사적 경계 태세를 누그러뜨리는 조치까지 취했다. 예컨대 2018년 6월 21일 아베 내각은 북한의 탄도미사일 발사를 상정하여 일본 주민들을 대상으로 2017년부터 벌여온 대피 훈련을 중지하겠다고 발표했다. 며칠 뒤인 6월 29일에는 북한의 탄도미사일 발사에 대비해 2016년부터 육해공 자위대에서 취해온 경계 레벨을 낮추는 조치도 취했다. 또한 7월 30일에는 홋카이도, 주코쿠, 시코쿠 등에서 북한의 탄도미사일 요격을 위해 전개해온 육상자위대의 PAC-3 지대공 유도미사일의 경계 태세도 해제했다. 일본의 이러한 조치들은 북한과의 관계 정상화를 이루기 위한 신뢰회복 조치로 그만큼 일본 정부의 수뇌부가 북한과의 관계 개선을 희망한다는 공개적 표현이기도 했다(박영준, 2019).

그러나 일본 정부의 이러한 유화적 제스처에도 불구하고 북한은 별다른 태도 변화를 보이지 않고 있다. 오히려 일본의 과거사 문제, 위안부(성노예) 문제, 군비 증강 등에 대해 비난의 목소리를 누그러뜨리지 않으면서, 아베 총리에 대해서는 "낯가죽이 두껍다" 등의 강경한 발언을 계속했다. 북한이 일본에 대해 이와 같은 태도를 보이는 것은 미국과의 관계 개선이 이루어지면 일본과의 관계 개선 역시 필연적으로 뒤따를 수밖에 없다고 판단하기 때문이다. 따라서 일본과의 관계 개선은 당분간 미루어두고 당장은 미국과의 관계 개선에 집중해야 할 상황이라는 것이 북한의 입장이다.

납치 문제-북일 관계 vs 비핵화-북일 관계 _____

일본의 기존 대북 접근 목적은 북일 관계의 현상 유지를 통해서도 어느 정도 달성할 수 있었으므로 북한과의 교섭에 성심성의를 다할 필요가 없었다고도 해석할 수 있다. 그러나 북미 비핵화 협상이 타결되면 기존의 태도로는 급변하는 동아시아 국제질서 재편 과정에서 제 목소리를 내기 힘들다. 특히 그 과정에서 일본인 납치 문제에 대한 집착은 일본의 국가 이익을 어느 정도 희생하는 것을 전제로 해야 한다. 그 때문에 일본은 기존에 보였던 모습과 달리 납치 문제에 대한 유연한 태도를 포함해 북한과의 관계 개선에 적극적인 모습을 보일 것이다.

납치 문제와 관련하여 논의를 진전시켜보면, 향후 일본 정부의 요구 사항은 '북미 비핵화 협상 진전' 및 '북일 관계 개선' 정도와 연계되어 단계적으로 유연성을 보일 것으로 예상할 수 있다. 이를 크게 두 단계로 나누면 다음과 같다. 우선 북미 비핵화 협상이 어느 정도 진전되는 상황에서 일본 정부의 북일 정상회담 요청에 북한이 호응하여 본격적으로 대화를 시작하는 경우, 기존 요구에서 '납치범의 인도'는 제외될 것으로 보인다. 다음으로 북미 협상이 크게 진전되어 북한의 비핵화가 가시화될 경우, 일본은 가급적 이른 시일 안에 북일 국교정상화를 이루고자 할 것이다. 그러므로 '모든 납치 피해자의 일본 귀국'과 '납치 문제에 대한 북한의 충분한 설명'에 대해 북한이 성의를 보인다면 큰 무리 없이 받아들일 것으로 보인다.

북한의 비핵화가 가시화된다는 것은 비핵화뿐만 아니라 북한이 개혁개방에 본격적으로 나선다는 것을 의미한다. 북한은 일본으로부터 자금을 지원받아 개혁개방에 사용하려고 할 것이다. 따라서 북한 정부는 최대한 일본 정부가 만족할 만한 정보와 설명을 제공할 것이다. 과거 스톡홀름 합의 당시에는 북한이 성의 있는 조사를 한다고 해도 만족할 만한 상응 조치가 일본으로부터 예상되지 않았기 때문에 형식적인 조사에 그쳤다고 볼 수 있다. 따라서 북한은 이전의 '납치자 문제 해결 종료' 입장을 고수하지 않고, 매우 성의 있게 납치 문제의 완전한 해소를 위해 적극적으로 노력할 것으로 예상된다. 그 과정에서 북일 양국은 스톡홀름 합의보다 구체적이고 더욱 진전된 내용의 새로운 합의에 이를 수도 있다.

일본 자민당 정부의 대내외 정책의 최우선순위는 대중국 견제와 평화헌법 개정을 통한 보통국가화이다. 북한이 비핵화 및 개혁개방 정책을 본격화하면 미국은 북한과의 관계 개선을 통해 북한을 활용한 대중국 견제를 도모하려고 할 것이며, 그 경우 일본 역시 미국과 보조를 맞출 것으로 예상할 수 있다. 북한 핵을 이유로 보통국가화를 추진했던 전략은 북한의 비핵화로 더 이상 사용할 수 없는 카드가 되는 것이다. 그러한 상황에서 일본은 보통국가화를 지지, 지원하는 미국과 보조를 맞추어 대중국 견제를 위한 새로운 동아시아 질서에 성공적으로 참여해야 한다. 그런 점을 고려하면 일본 우익 진영에게는 북일 관계의 진전을 가로막는 납치 문제가 오히려 시급하게 해소해야 할 사안으로 여겨질 가능성이 크다.

북한 비핵화가 실현되어 북한과 미국이 적대 관계를 청산한다는 것은 동아시아의 국제질서가 이전과는 다른 양상으로 전개된다는 것을 뜻한다. 이러한 중차대한 시기에 혹시라도 '재팬 패싱'

이 발생하여 새롭게 재편되는 동아시아 국제질서 형성에서 일본이 소외되는 상황은 일본 정부로서는 결코 원하지 않는 일일 것이다. 일본은 과거 미중 관계 개선 시기에 오히려 미국보다도 먼저 중국과 수교한 경험이 있다. 그런 점에서 북한과 미국의 관계 개선이 확실시되면 이번에도 재빠르게 움직여 먼저 북일 수교를 이뤄낼 수도 있다. 즉 일본은 굳이 북한과 미국의 관계 개선이 완벽히 이루어지는 때를 기다리지 않을 수도 있다는 것이다. 북미 관계 개선에 대한 확신이 생기면 가능한 한 이른 시일 안에 북한과 국교정상화를 포함한 관계 개선에 나설 것이다.

그에 반해 북한의 비핵화가 실현되는 대신 오히려 북미 관계가 확연히 악화될 경우라면 일본은 2018년 싱가포르 회담 이전으로 주저 없이 돌아갈 것이다. 북한의 핵·미사일 개발은 일본의 대중국 견제와 보통국가화 추구에 적지 않은 도움이 되었다. 북한의 핵·미사일 개발을 핑계로 대중국 견제를 위한 군사력 증강에 떳떳이 나설 수 있었으며, 보통국가화 시도에 대한 국내의 반대 목소리를 이웃나라 북한의 핵·미사일 실험을 말하면서 억누를 수 있었기 때문이다. 즉 북한의 핵·미사일 개발로 일본의 보수 세력들이 얻어왔던 이득이 적지 않기에, 북미 비핵화 협상이 타결되지

---

* 그러나 '만족할 만한' 해결은 지극히 이루어내기 어렵다. 설혹 북한이 일본 정부가 만족할 만한 해결 방안을 제시하더라도 일본의 일반 국민들이 북한이 제공한 해결 방안에 만족하지 않으면 상황은 오히려 악화될 수도 있다. 2002년 김정일 위원장과 고이즈미 총리의 몇몇 시도는 오히려 북일 관계를 심대하게 악화시킨 그 대표적인 사례라고 할 수 있다. 그 같은 경우가 또다시 발생하지 않을 것이라는 보장은 없다.

않으면 주저 없이 2018년 이전의 대북정책으로 돌아갈 것이다. 그와 함께 북일 정상회담 개최의 조건으로 일본은 또다시 일본인 납치 문제의 '만족할 만한' 해결을 원할 것이다.[*]

7장

한국 사회는 왜
대북정책을 두고 분열할까?

한국의 진보 진영이나 좌파는 북한을 동포 또는 파트너로 보면서 화해 협력을 주장한다. 그에 반해 보수 진영이나 우파는 북한을 무너뜨려야 할 적으로 상정하고 북한과의 화해 협력은 가능하지 않다고 주장한다. 대부분의 자본주의 사회에서 진보와 보수를 나누는 핵심 기준은 노동-자본 관계이다. 하지만 한국에서는 대북정책이 그 자리를 차지하고 있다. 그렇다면 한국 사회는 왜 대북정책을 두고 진보와 보수로 나뉘어 분열되어 있는가?

　한국 사회에서 주도권 또는 헤게모니를 쥔 그룹은 반공주의와 반공주의가 투영하는 적대적 남북 관계를 기반으로 주도권을 장악했고 또 유지해왔다. 그런 이유로 1987년 민주화 이전까지 남북 화해를 입에 담는 것은 지극히 위험한 행위였다. 독재 세력은 반공주의를 지배 이데올로기로 삼으면서 반독재 세력을 북한에 동조하는 빨갱이라고 매도하면서 탄압했기 때문이다(한국전쟁 이후 민주화 이전까지 독재자들은 남북 화해와 통일을 주창하던 통일운동가뿐 아니라 노동운동가, 나아가 독재 타도를 외치는 모든 세력에 대해 북한을 이롭게 하는 존재이므로 한국 사회에서 없어져야 한다고 몰아붙였다). 그렇게 한국 사회에서 공산주의 북한과 관련된 문제는 헤게모니와 직접적으로 연계되었다.

북한이라는 존재를 활용하여 정치권력, 나아가 사회에서 헤게모니를 장악한 보수 세력에게 적대적 대북정책은 필수적이었다. 또한 같은 맥락에서 반공주의를 기치로 내세우는 한국의 보수들이 헤게모니를 유지하기 위해서는 공산주의 북한과 적대적 관계를 유지·강화할 수밖에 없다. 그런 이유로 기존 남북 관계의 변화를 초래하는 우호적 대북정책은 헤게모니를 쥔 그룹(이후 설명할 헤게모니 그룹)의 반발을 살 수밖에 없다. 이처럼 북한에 대한 정책은 헤게모니 투쟁과 연계되어 있기 때문에 하나의 정책 옵션이 아닌 헤게모니 유지 또는 장악과 관련된 매우 결정적인 선택이라고 할 수 있다.

한국 사회에서 대북정책이 헤게모니를 둘러싼 투쟁과 어떻게 연계되어 있는지를 이탈리아의 사상가 안토니오 그람시의 개념을 활용하여 살펴보자. 그 과정에서 한국의 주요 사회 세력들을 반공주의자, 자유주의적 민족주의자, 자주적 민족주의자, 노동운동가 등으로 나눠 설명해볼 수 있다. 이러한 설명들을 위해 우선 그람시의 '헤게모니', '역사적 블록' 등의 개념들을 이론적으로 살펴볼 필요가 있다.

헤게모니와 역사적 블록 _____

안토니오 그람시(1891~1937)는 이탈리아 사상가이자 이탈리아공산당의 창립자 가운데 한 명이다. 그는 무솔리니의 파시즘에 저항하다 20년 형을 선고받고 수감되었다가 병으로 조기 석방된 뒤 3일 만에 사망했다. 그는 감옥에서 정치, 사회, 경제, 문화 등에 대한 자신의 생각들을 메모해두었는데, 사후 '옥중수고Prison Notebooks'라는 제목으로 출판되었다. 감옥에서 그람시가 가진 주요 의문은 '왜 이탈리아에서는 가난한 노동자와 농민이 무솔리니의 파시스트 독재를 더 지지하는가?'였다. 이는 곧 '왜 선진 자본주의국가에서는 혁명이 일어나지 않는가?'로 확대되었다. 이러한 의문에 스스로 답하기 위해 그가 받아들인 개념이 바로 '러시아 사회민주주의의 아버지' 게오르기 플레하노프Georgy Plekhanov가 도입한 헤게모니hegemony였다. 이는 『옥중수고』에 담긴 그의 방대한 사상을 관통하는 핵심적인 연결고리가 되었다.

　러시아에서 사용되었던 헤게모니 개념이 단지 '정치적인 지배'를 뜻했던 것과 달리 그람시는 이를 더욱 발전시켜 계급 지배의 다차원적인 속성을 분석하는 데 활용했다. 즉 한 지배계급은 단순히 힘의 강제coercion만이 아니라 피지배계급의 자발적 동의consent를 통해 자신들의 지배를 유지하며, 헤게모니는 이를 가능하게 하는 '문화적, 도덕적 그리고 이데올로기적' 지도력leadership이라고 할 수 있다. 이를테면 성공적인 헤게모니는 피지배계급이 지배계급의 이데올로기를 지극히 자연스럽고 보편적이며 자신의 이익에도 부합하는 것으로 받아들이게 한다. 결국 지배계급의 세계관을 적극적으로 받아들임으로써 피지배계급은 지배계급의 이익을 자발적으로 따르고, 이에 반대하는 세력에 대해서는 오히려 혐오하고 물리치려고 한다.

자본주의사회에서 헤게모니 그룹은 특정 정당 및 지식인 세력과 연합한 특정 자본가 세력이 주축이 되어 형성된다(자본가 그룹전체가 될 수도 있고, 산업자본가 또는 금융자본가 등 특정 분야의 자본가들이 그 역할을 맡을 수도 있다). 또한 그 사회의 헤게모니는 자생적으로 생겨나는 것이 아니며 헤게모니 그룹의 의도적인 노력이 반드시 필요하다. 헤게모니 장악을 위한 주요 공간으로는 학교, 언론 매체, 교회 등을 들 수 있다. 그람시의 시민사회civil society는 이러한 공간을 포함한다(흔히 시민사회를 대표한다고 여겨지는 시민단체civic organization는 단지 부수적인 역할을 할 뿐이다). 헤게모니 그룹의 이데올로기는 교육, 언론, 문화, 예술, 종교 등을 통해 시대의 '상식'이 되며, 이들 그룹의 이익은 '국가 이익'으로 포장된다. 또한 그 사회의 헤게모니를 쥔 그룹이 국가권력마저 장악하면 헤게모니는 더 이상 시민사회 영역에 머무르지 않는다. 국가, 즉 정치사회political society 영역으로까지 확장되어 그들의 이익을 실현하기 위한 강제적 수단(군대, 경찰, 사법부 등) 역시 확보한다. 만약 선진 자본주의사회에서 헤게모니를 쥔 그룹이 경제 위기 등의 특정한 상황으로 인해 일시적으로 국가권력을 장악한 그룹과 충돌할 경우 승자는 언제나 전자가 될 수밖에 없다. 민주주의사회에서는 다수결이 중요한데 헤게모니를 쥐고 있다는 것은 그 자체로 쉽게 대중적 지지를 다시 끌어 모을 수 있는 힘이 있다는 것이기 때문이다.

그람시의 역사적 블록^{historical bloc}은 헤게모니를 쥔 그룹이 그 형성을 주도하고 지속·강화해나가는 어느 한 역사적 시기의 사회적 구성체를 말한다. 이는 경제적 하부구조와 정치적·이데올로기적 상부구조가 결합된 형태이다. 이를 그림으로 나타내면 7-1과 같다. 생산관계^{production relations}의 총합이라고 할 수 있는 하부구조(경제구조)와 국가 및 (시민사회의 영역인) 교육, 언론, 문화, 예술, 종교 등으로 구성된 상부구조를 매개하는 것은 이데올로기이다. 이를 통해 생산관계는 재생산되며 상부구조의 각 영역은 이데올로기적인 통일성으로 결합된다. 예를 들어 '파시즘'이라는 이데올로기는 경제 운용 방식으로 조합주의^{corporatism}를 택하여 이에 필요한 생산관계를 재생산하는 역할을 하면서 동시에 일당독재를 특징으로 하는 국가 형태를 정당화하고 교육, 언론, 문화, 예술, 종교 등은 이를 강화하는 역할을 한다.

그람시는 역사적 블록 형성에서 특히 지식인의 역할에 주목했다. 그는 "누구나 계란 요리를 만들 수 있지만 모두가 전문적인 요리사는 아닌 것처럼, 누구나 지식인의 역할을 할 수 있으나 모

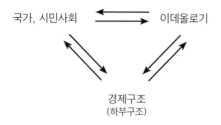

7-1 역사적 블록.

두가 전문적인 지식인은 아니다"라면서 일반 사람들의 세계관 형성에 큰 영향을 미치는 하나의 사회적 범주social category로 지식인을 상정한다. 학자, 작가, 언론인, 관료, 정치인, 종교인 등이 여기에 포함되었다. 이들 지식인은 해당 자본가 세력의 자본 축적 방식을 옹호하는 이데올로기를 사회 전체의 상식으로 변모시키는데 핵심적인 기능을 수행하며 기존의 역사적 블록을 공고화하는데 이바지한다.

한편 지식인은 '대항 헤게모니counter-hegemony'의 창출과 기존의 역사적 블록을 해체하는 데도 결정적인 역할을 수행할 수 있다. 상식으로 받아들여지는 것들이 사실은 현 헤게모니 그룹의 이익을 위한 것이며, 대중의 이익과는 오히려 상충한다는 것을 깨우쳐줄 수 있기 때문이다. 그람시가 꿈꾸었던 혁명은 정권 탈취 방식의 기동전war of manoeuvre을 통한 혁명이 아니었다. 대중과 깊이 연계된 유기적 지식인organic intellectual이 진지전war of position을 통해 서

신냉전에서 살아남기

서히 대중의 상식을 바꾸고 세계관을 변화시켜 그들 스스로 혁명
세력의 진정한 일원이 될 때 비로소 가능한 것이었다.

한국의 분단블록 _____

역사적 블록 개념을 활용한 한국 사회 분석을 위해 우선 토대인
경제구조 분석이 필요하다. 그런데 한국의 경제구조를 단지 자본
주의로만 분석한다면 한국의 자본주의는 미국, 영국, 독일, 일본,
대만 등의 자본주의와 차이가 없고, 그렇게 되면 한국 사회 고유
의 경제구조에 대한 분석이 제대로 수행될 수 없다. 한국 사회 분
석을 위해 그람시의 이론을 도입한 학자들이 역사적 블록 개념을
본격적으로 활용하지 못한 이유 중 하나가 이 때문이기도 하다.

　그람시는 『옥중수고』에서 (역사적 블록의) 경제구조에 대한 분
석을 세부적으로 수행하지 않았다. 그 때문에 역사적 블록 개념은
그 유용성에도 불구하고 실제 한 사회의 정치경제 분석을 위한
개념으로 잘 사용되지 않았다. 그람시의 목적은 세계적 차원에서
자본주의를 사회주의로 대체하는 것이었다. 그렇기에 그가 분석
한 이탈리아의 토대는 자본주의의 전형이어야 했고, 따라서 『옥
중수고』에서는 이탈리아 자본주의와 다른 선진 국가 자본주의의
유사한 면을 보다 중점적으로 강조했다. 그런 이유로 후대의 학자
들 역시 한 (자본주의) 사회가 가지는 그 사회만의 자본주의적 특
성에 대한 분석에는 크게 주의를 기울이지 않았던 것이다.

　필자는 니코스 폴란차스$^{Nicos\ Poulantzas}$의 "생산과정이 경제구조

를 결정한다"는 말에서 힌트를 얻어 한국 사회의 경제구조를 분석해보았다. 생산과정 분석을 통해 한국 사회 고유의 경제구조를 분석하는 방식이다. 이를 위해 프랑스 조절학파^{Regulation School}의 포드주의 연구를 참조했다.

조절학파에 따르면 2차대전 이후 1970년대까지, 즉 신자유주의의 물결이 덮치기 전까지 미국의 생산과정은 컨베이어벨트 도입에 따른 대량생산, 컨베이어벨트에 맞춘 과도한 작업량으로 인해 늘어난 이직률을 낮추기 위한 고임금, (고임금으로 인한 장기근속이 일반화되자 향상된) 숙련도에 기반한 생산성 증가 등을 특징으로 하는 포드주의^{Fordism}라고 할 수 있다. 자동차를 만드는 포드 공장에서 시작된 포드주의는 이후 다른 자동차 회사, 나아가 전체 제조업으로 확산되면서 미국의 많은 것을 바꾸어놓았다. 예컨대 포드주의는 미국 전체 노동자의 임금인상을 통한 대량소비를 실현함으로써 전국적 범위에서 '대량생산-생산성 증가-대량소비'의 선순환을 이루며 미국을 초강대국으로 이끌었을 뿐 아니라 보통의 노동자라도 충분히 물질적 안락함을 누릴 수 있는 아메리칸 드림을 실현했다.

한국의 경우에는 박정희 정부 시기에 와서야 비로소 고유의 경제구조가 수립되었다고 할 수 있다(이승만 정부 시기에는 제대로 된 국가적 차원의 경제 운영이 이루어지지 않고 미국의 지원에만 의존했기 때문이다). 그리고 이때 경제구조를 결정하는 생산과정으로 포드주의가 도입되었다. 하지만 한국에 도입된 포드주의는 미국의 포

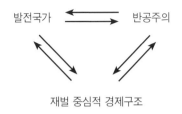

7-2 한국의 분단블록.

드주의와는 달랐다. 재벌이 주축이 되어 대량생산 시스템을 만들었으나 노동자들에게는 낮은 임금을 주었다. 따라서 국내 소비가 활성화되지 않아 미국의 포드주의와 달리 대량생산과 대량소비가 선순환을 이루어내지 못했다.

한국의 변용된 포드주의는 수출을 목적으로 한 '수출 지향적 포드주의exportist Fordism'라고 할 수 있다. 이는 재벌이 주축이 된 국내 대량생산, 해외 대량소비 그리고 낮은 임금에 기반한 노동집약적 상품의 수출을 특징으로 한다. 1960년대부터 수립된 이러한 생산과정은 재벌 중심적 경제구조를 만들어냈다. 그리고 7-2 그림에서 볼 수 있듯 이러한 재벌 중심적 경제구조는 한국의 '분단블록'의 토대를 형성했다.*

재벌 중심적 경제구조의 토대 위에 발전국가developmental state와 반공주의가 상부구조의 주요 구조물로 올려졌다. 발전국가는 국

---

* 분단블록이라고 명명한 이유는 한국 사회 고유의 역사적 블록 형성에서 반공주의라는 지배 이데올로기가 핵심적인 역할을 했고, 이는 한반도 분단이 원인이기 때문이다.

가가 경제성장에서 주도적인 역할을 하는 국가 형태이다. 운영진이 기획plan하면 직원들이 실행execute하는 기업처럼 발전국가에서는 국가가 기획하고 사적 부문이 이를 실행에 옮긴다. 한국의 경우에는 1961년 7월에 설립된 경제기획원이 기획에서 핵심적인 역할을 수행했다. 경제기획원이 해체된 1994년 이후에는 기획예산처, 기획재정부 등이 그 역할을 대신했다. 그에 비해 반공주의는 1945년 분단 이후, 특히 한국전쟁을 거치면서 지배 이데올로기의 자리를 굳건히 했다. 그러면서 한편으로는 정권에 반대 목소리를 내는 사회 세력들을 숙청하고, 다른 한편으로는 재벌 중심적 경제구조에 저항하는 노동자 등의 경제 단위들을 빨갱이로 몰아 세력을 약화시키는 데 중추적인 역할을 했다. 이처럼 반공주의는 한국의 분단블록을 이루는 상부구조의 한 부분이면서, 상부구조와 토대인 재벌 중심적 경제구조를 연결하는 역할까지 수행했다.

정권 교체와 헤게모니 투쟁의 격화 _____

한국의 1997년 경제 위기는 재벌 중심적 경제구조의 결과라고 할 수 있다. 한국의 재벌은 1980년대 초부터 김재익 등 새로운 경제 관료들의 주도로 시작된 정부의 통제 완화에 힘입어 몸집을 키웠고, 금융산업에도 적극적으로 진출했다. 그런데 중국 등의 부상으로 한국 제품의 가격 경쟁력이 약화된 상황에서 1990년대 중반 이후 전 세계적 과잉 유동성으로 해외로부터 대출이 수월해지자 너도나도 대출, 특히 단기 대출로 돈을 들여왔다. 그 과정에서 핵심적인 역할을 했던 곳이 당시 재벌들이 세운 종합금융회사(약칭 '종금사')이다. 재벌들은 친재벌 정책 아래 국가 관리가 허술한 틈을 타 손쉽게 종금사를 만들었고, 이를 통해 해외로부터 단기 대출을 받아 국내 어음과 채권을 사들이면서 돈놀이를 했다. 당시 유입된 막대한 자금이 한국 경제의 체질을 바꾸기 위한 투자로 사용된 경우는 거의 없었다. 문어발식 기업 확장을 위한 자금으로 소비되었을 뿐이다.

그러한 상황에서 1997년 태국의 고정환율제 포기와 바트화의 급격한 평가절하로 동아시아의 통화 위기가 시작되었다. 위기는 곧 한국으로 확산되었고, 해외 투자자들의 긴박한 투자금 회수 요구에 따르지 못하면서 경제 위기가 시작되었다. 이는 근본적으로 한국 고유의 수출-재벌 중심의 경제 위기였기 때문에 유기적 위기organic crisis라고 할 수 있다.

유기적 위기는 분단블록을 크게 약화시켰다. 또한 헤게모니 그룹의 내부 분열 역시 촉진했는데, 그룹의 일원이었던 김종필 자유민주연합 총재는 새정치국민회의를 이끌던 김대중 총재와 연합하여 정권 교체라는 한국 정치사상 전대미문의 역사를 만들어내는 데 기여한다.*

---

* 새정치국민회의는 2000년 새천년민주당으로, 2005년 다시 민주당으로 당명을 바꾼다. 민주당은 이후 열린우리당, 새정치민주연합 등을 거쳐 현재 더불어민주당에 이르고 있다. 민주당은 대항 헤게모니 그룹 중 가장 정치적 영향력이 큰 그룹으로, 자유주의적 민족주의자 김대중의 노선을 따르는 자유주의적 민족주의자 그룹으로 분류할 수 있다.

한국의 헤게모니 그룹은 반공주의라는 이데올로기적 통일성으로 결합된 보수당의 정치인, 재벌, 보수 언론, 보수 기독교인 등으로 구성되어 있다. 헤게모니 그룹에 자본가 전체가 아닌 대규모 산업자본가인 재벌만 포함된 이유는 한국에서 재벌과 중소 규모 자본가(중소기업)의 불평등 관행이 일반적이기 때문이다. 대기업은 정부로부터 여러 혜택을 받은 것뿐만 아니라 중소 하청업체의 기술 탈취 등 불공정 관행도 일삼았다. 1980년대 말부터는 대기업과 중소기업 직원의 임금 격차도 급격히 커졌는데 이는 대기업의 하청업체 착취 심화가 주요 원인이다. 1987년 민주화 이후 노동자 대투쟁이 벌어지면서 대기업 노조에 가입한 노조원 중심으로 임금 상승이 가속화되었는데, 대기업들은 떨어지는 이윤을 메우기 위해 중소 하청업체들에 압력을 가해 착취했고, 그 결과 본격적으로 대기업과 중소기업의 이익률 간극이 벌어졌다.

한편 헤게모니 그룹에 저항하는 주요 대항 헤게모니 사회 세력으로는 노동운동가, 자주적 민족주의자, 그리고 가장 영향력이 큰 자유주의적 민족주의자가 있다. 노동운동가에는 과거 대학가의 PD People's Democracy 계열이 포함되며 그들 중 많은 이들이 이후 민주노동당으로 정치세력화했다. 자주적 민족주의자는 과거 대학가의 NL National Liberation 계열로 노동운동보다 통일을 우선시하는 그룹이다. NL 계열에서 가장 큰 세력을 가진 주사파는 '주체사상파'의 준말로 김일성의 주체사상을 신봉했던 그룹이다. PD 계열과 NL 계열 중 대학가에서 보다 영향력이 컸던 것은 NL 계열이다.

그 이유 중 하나는 PD 계열의 사상적 기반인 마르크스주의가 주체사상보다 이해하기 어려웠기 때문이다. 과거 군사독재 치하에서는 마르크스와 마르크스주의를 연구하기가 극히 어려웠다. 마르크스주의를 제대로 가르칠 교수조차 드문 상황에서 20대 대학생들이 마르크스주의를 제대로 이해하기란 쉽지 않은 일이었다. 반면 주체사상은 사상 자체도 마르크스주의에 비해 간단하기도 했지만 내용 역시 북한 주민들을 세뇌할 목적으로 쉽게 풀어썼기 때문에 보다 쉽게 이해할 수 있는 장점이 있었다.

자유주의적 민족주의자 그룹은 정치적으로 김대중 계열이라고 할 수 있다. 민족주의는 종종 다른 사상과 결합하거나 하위 사상으로 자리한다.* 민족주의와 자유주의가 결합된 자유주의적 민족주의는 존 스튜어트 밀, 장 자크 루소, 우드로 윌슨 등 역사적으로도 오래전부터 주창되어왔다. 예컨대 자유주의에서 강조하는 개인적 자유 신봉은 수많은 개인의 확장이라고 할 수 있는 전체 국민의 일반의지에 대한 신뢰로 이어진다. 그리고 이는 곧 (특히 윌슨이 강조하는) 민족자결주의에 대한 지지로 연결된다.

한편 자유주의적 민족주의가 한국의 대북정책과 연계되면 현 더불어민주당의 대북 화해 협력 정책으로 구현된다. 자유주의적 민족주의에 따르면 북한 역시 동등하게 자결권을 가지기 때문이다. 즉 남북 관계는 상호 주권을 존중하는 바탕에서 신뢰를 쌓고

---

* 일례로 민족주의가 반공주의와 결합해서 나온 것이 이승만의 북진통일론이다.

발전할 수 있다는 믿음이 자연스럽게 뒤따르는 것이다. 그렇기에 한국의 자유주의적 민족주의자들은 경제 운용에서는 발전주의/개발주의가 아닌 자유주의, 대북정책에서는 자유주의적 대북 접근이라고 할 수 있는 남북 화해를 주창하는 것이다.

주지하다시피 대항 헤게모니 그룹 중에서는 김대중이 이끌던 자유주의적 민족주의가 가장 강한 영향력을 가지고 있었다. 그리고 결국 1997년 경제 위기 이후 정치권력을 잡았다. 이는 역사적 사건으로 한국 최초의 평화적 정권 교체였다. 그러나 경제 위기로 집권 그룹^{ruling political group}이 자유주의적 민족주의자들로 교체되었더라도 한국 사회의 헤게모니까지 이들이 잡은 것은 아니었다. 즉 한국 역사상 처음으로 집권 그룹과 헤게모니 그룹이 다른 상황이 발생한 것이다.

헤게모니 투쟁과 대북정책 _____

그람시는 한 사회의 헤게모니 장악에서 경제구조뿐만 아니라 상부구조, 즉 국가와 이데올로기 그리고 시민사회의 역할을 중시했다. 바로 이 점이 그람시가 다른 마르크스주의자들과 가장 큰 차이를 보이면서 서구 마르크스주의 발전에 가장 기여한 부분이다. 특히 그는 '대중 종교^{popular religion}'화된 애국주의나 민족주의 같은 사상이 역사적 블록 형성과 변화에 매우 중요한 역할을 할 수 있다는 점을 강조했다. 이를 한국에 적용해보면 한반도 분단 상황하에서 통일을 추구하는 민족주의는 상당히 대중 종교화되었고, 따라서 강력한 민족-대중적^{national-popular} 힘을 지니고 있다고 해석할 수 있다. 즉 1998년 이후 대북 화해 협력 정책은 새롭게 정권을 잡은 자유주의적 민족주의자들이 자유주의적 접근을 통해 통일을 추구하려고 했던 민족-대중적 시도로, 이를 통해 기존 분단블록을 새로운 역사적 블록으로 바꾸려고 했던 하나의 헤게모니 프로젝트라고 할 수 있다. 이러한 헤게모니 프로젝트가 성공했다면 자유주의적 민족주의자들이 한국 사회의 헤게모니를 장악할 수 있었을 것이다. 하지만 상황은 그들의 기대와는 다른 방향으로 흘러갔다.

결국 자유주의적 민족주의자들의 헤게모니 프로젝트는 실패했는데, 크게 다음 세 가지에 기인한다. 첫째, 보수 진영의 격렬한 반발이다. 보수 정치인들과 보수 언론들은 대북 화해 협력 정책은 '한국을 북한에 넘기는 것'이라고 비난했다. 시민사회 역시 둘로 나뉘어, 남북 화해 협력을 비난하는 사람들도 거리로 나와 정부 정책에 반대 목소리를 냈다. 이른바 '남남 갈등'이 본격화된 것이다. 1998년 이전에는 정부의 적대적 대북정책에 반대하는 사람들만 거리로 나와 정부 정책을 성토했다. 하지만 1998년 이후로는 정부의 대북 화해 협력 정책을 두고서도 반대하는 사람과 찬성하는 사람들 모두 거리로 나온 것이다.

둘째, 연평해전, 핵실험, 미사일 실험 등 북한의 계속되는 도발로 화해 협력의 성과가 명시적으로 보이지 않았다. 북한은 남북 화해 협력을 통해 진정한 의미에서의 남북 관계 개선, 나아가 통일을 이룰 수 있을 것이라는 기대하에 대남정책을 편 것이 아니었다. 대량 아사까지 수반된 당시의 경제 위기를 극복하고 정세 안정을 꾀하고자 한국 정부와 협력하는 모양새를 취했던 것이다. 이로 인해 한국 정부의 대북 화해 협력 정책과 그에 기반한 대북 지원은 대내외 보수 진영으로부터 '퍼주기'라는 비난을 받았고, 대북 화해 협력 정책의 성과는 상당히 희석되었다.

셋째, 북한과의 경제협력이 한국 경제에 실질적인 도움이 되지 못하면서 한국 국민들에게 남북 화해 협력으로부터 얻을 수 있는 것이 눈에 보이지 않았다. 1945년 분단 직후에는 한국보다 북한 지역에서 보다 많은 산업 시설이 운영되었다. 따라서 남북 경제 협력으로 한국이 얻을 수 있는 것이 많았다. 그 때문에 비록 남북 경제협력이 실현되지는 못했지만 많은 지지를 얻었다. 그러나 과거와 달리 남북한의 경제 격차가 너무 커졌고, 그로 인해 한국의 '경제성장/자본축적 전략'에 북한과의 경제협력이 줄 수 있는 영향은 미미하다. 예컨대 남북경협이 활발하게 이루어졌던 2006년에도 북한의 대외무역에서 남북경협이 차지한 비중은 약 31%였던 데 반해 한국은 약 0.0002%에 불과했다.

문제는 경제다 _____

현 시기는 그람시가 말한 궐위기Interregnum, 즉 "오래된 것은 죽어 가지만 새것은 아직 탄생하지 않은 시기"라고 할 수 있다. 기존의 분단블록이 위기를 겪고 있지만 아직 새로운 역사적 블록으로 대체되지 않은 상황인 것이다. 이러한 혼란의 와중에서 반공을 모토로 하는 보수 세력과 자유주의적 민족주의자들이 헤게모니 투쟁을 벌이고 있으며, 그 주요 매개는 대북정책이다. 이처럼 북한을 바라보는 시각은 헤게모니 투쟁과 긴밀히 연결되어 있다. 그런 만큼 두 진영 모두 결코 양보하기 힘든 상황이다. 역으로 헤게모니 투쟁과 대북정책을 분리해야만 한국인 누구나 공감하고 동의할 수 있는 대북정책의 추진이 가능하다. 이를 위해 여러 견해가 있을 수 있는데 필자는 특히 경제의 중요성을 강조한다. 그람시 역시 "비록 헤게모니가 윤리적-정치적일지라도 경제와 밀접히 연관되어야 한다"면서 경제의 중요성을 말한 바 있다.

북한과의 관계 변화는 외교안보적 측면뿐만 아니라 경제적 측면에서도 한국에 도움이 되는 방향으로 진행되어야 가시적 성과를 거둘 수 있다. 그리고 이를 위해서는 무엇보다 동아시아 국제정치와 함께 현 시기 북한의 본모습을 제대로 파악하려는 노력이 필요하다.

8장

북한이탈주민들이
김일성을 높이 평가하는
이유는 뭘까?

북한이탈주민을 대상으로 한 2014년 〈조선일보〉 조사에서 80%를 상회한 응답자가 김일성을 긍정적으로 보았다. 반면 김정일에 대해서는 단지 약 20%만이 긍정적으로 보았다. 해당 조사가 북한 주민들을 대상으로 한 것이 아니라 북한이 싫어서 탈북한 사람들을 대상으로 한 설문조사라는 점을 감안하면 이러한 결과는 상당히 의외라고 할 수 있다. 북한에서 김일성의 인기가 높은 것은 북한 당국이 강제적으로 만든 것이 아니라는 것인가?

　필자는 강제기제로 인해 북한 주민들이 김일성의 지배에 이끌려간 점도 간과할 수는 없겠지만 그보다는 동의기제에 의해 자발적으로 김일성의 지배를 따랐다고 주장한다. 즉 김일성의 높은 인기의 원인을 동의에 의한 지배가 작동했기 때문이라고 본다. 지배를 동의와 강제 사이의 줄다리기라고 할 때 동의에 의한 지배는 강제에 의한 지배보다 훨씬 안정적이고 오래 지속되기 때문에 위정자들은 당연히 더 선호한다. 하지만 문제는 동의에 의한 지배가 구현하기 쉽지 않은 방식이라는 것이다. 북한이탈주민들 사이에서 김일성의 인기는 높은 반면 김정일은 그렇지 않은 것은 김일성 시기에는 동의에 의한 지배가 가능했기 때문이라고 해석할 수 있다. 이론적으로 풀어보면 김일성 시기, 즉 1990년대 경제 위기 이전 북한에서는 그람시가 말한 헤게모니적 지배가 가능했던 것이다.

경제 위기 이후 북한은 헤게모니적 지배의 붕괴가 현실화되었다. 여기서 '헤게모니적 지배의 붕괴'는 라나지트 구하^{Ranajit Guha}의 개념인 '강제 주도의 지배^{dominance without hegemony}'를 의미한다. 이는 동의적 요소가 전혀 없는 지배를 뜻하는 것이 아니다. 지배는 언제나 동의와 강제의 결합이며, 만약 동의적 요소가 전혀 없다면 지배 자체가 성립할 수 없다. 북한 주민들은 동의 주도의 지배가 작동했던 경제 위기 이전에는 북한 지도부의 이익을 (자신들에게도 이로운) 국가 이익으로 해석하고 이를 적극적으로 옹호했다. 그러나 경제 위기가 시작되자 이러한 동의기제의 작동은 중단될 수밖에 없었고, 이에 북한은 강제적 요소를 보다 많이 그리고 보다 적극적으로 사용하는 강제 주도의 지배로 전환한다.

아래에서는 먼저 김일성 시기에 헤게모니적 지배를 가능하게 했던 기제인 주체사상과 조선노동당의 역할에 대해 살펴본다. 당

신냉전에서 살아남기

연하게도 김일성의 높은 인기는 북한 주민들의 자발성에 전적으로 기인한 것이 아니다. 강제기제의 활용 역시 중요한 원인으로 작용했다. 강제에 의한 지배의 기반 위에서 동의에 의한 지배가 육성된 것이다. 이를 염두에 두고 김일성 시기에는 강제기제가 어떻게 작용했는지도 살펴보자. 또한 김정일 시기에 경제 위기를 극복하기 위한 시도로서 선군정치先軍政治라는 미명하에 동의에 의한 지배의 약화를 강제에 의한 지배의 강화로 메우려던 북한 당국의 시도에 대해서도 한걸음 더 들어가 살펴보도록 하자.

동의기제: 지배 이데올로기와 당의 과대 성장 _____

모든 지배는 동의와 강제의 조합이라고 할 수 있다. 강제기제의 작동을 위한 군이나 경찰력, 정보기관 등이 없이는, 즉 강제력이 어느 정도 뒷받침되지 않고서는 국가의 지배 자체가 성립될 수 없는 경우가 대부분이다. 그러므로 국가의 지배는 동의냐 강제냐 어느 한쪽으로만 규정되는 것은 아니며, 동의 주도의 지배냐 강제 주도의 지배냐에 따라 그 체제가 안정적으로 운영되는가 그렇지 않은가, 구별되는 것이다. 이를 염두에 두면 김일성 치하의 북한은 안정적으로 운영된 동의 주도의 지배가 작동했던 시기라고 할 수 있다.

북한에서의 동의기제는 지배 이데올로기와 조선노동당(이하 당)의 과대 성장을 통해 구체화되었다. 여기서 지배 이데올로기는 마르크스-레닌주의가 아닌 김일성의 주체사상이다. 김일성의 주체는 처음부터 그의 독재를 위해 사용되었다. 소련파와 연안파 등 소련과 중국으로부터 건너온 공산주의자들과의 권력 투쟁에서 승리하기 위해 사용된 개념이 바로 주체인 것이다. 이후 1956년 8월 종파사건을 거치면서 김일성은 소련과 중국을 자신의 독재에 가장 중대한 위협이라고 생각하고 적극적으로 주체를 주창한다. 중소분쟁 이후 북한에 허용된 자율 공간이 넓어지자 주체에 대한 김일성의 생각은 본격적으로 주체사상으로 확립되었다.

주체사상의 발전에서 가장 중요한 내부적 사건은 북한판 문화대혁명이라고 할 수 있는 도서정리사업이다. 도서정리사업은 "조선노동당 내 자본주의, 수정주의, 교조주의 등 잡다한 사상이 유입되면서 혁명사업 수행에 큰 지장이 초래"되었고, 따라서 김일성의 유일사상 체계 확립이 중요하다고 강조한 1967년 5월의 '5·25 교시'로부터 시작되었다. 이후 북한은 주체사상이라는 유일사상으로 통치되면서 다른 사상은 자취를 감추었다. 북한 주민들은 심지어 마르크스나 레닌이 쓴 글조차 도서관에서 당의 허락을 맡고 열람하는 상황에 처한다.

북한의 동의기제는 또한 주체사상과 연계된 당의 과대 성장을 통해 확립되었다. 현실사회주의에서 공산당은 사회정치단체 등을 매개로 지배 이데올로기를 사회 구성원들에게 주입하는 역할을 한다. 전 사회가 하나의 이데올로기적 통일성에 의해 구성·조직·유지되도록 하는 데 핵심적인 역할을 수행하는 것이다. 북한의 경우는 특히 당이 생활총화, 생산과정에 대한 직접적인 간섭 등을 통해 주민 개개인의 삶에 깊이 뿌리내렸기 때문에 다른 사회주의 국가들에 비해서도 더욱 '과대 성장'되었다고 볼 수 있다.

북한이탈주민이 등장하는 TV 프로그램 등을 통해 이제 한국에도 많이 알려진 생활총화는 북한 사람들을 가장 괴롭히는 일상 중 하나이다. (고위 관료를 포함하여) 북한의 모든 주민들은 직장, 근로단체 등의 단체활동을 하면서 매주 한 번 이상 생활총화를 가져야 한다. 외국인들과 자주 접촉하는 주민 등 특정 업무에 종사하는 직업군의 경우에는 두 번 이상 생활총화를 갖는 경우도 흔하다. 생활총화 시간에는 자아비판과 상호비판을 통해 김일성, 김정일, 현재는 김정은까지 북한 지도자의 사상에 얼마나 충실하게 살아왔는지를 검증한다. 자신의 잘못, 그리고 주변의 잘못을 공개적으로 고백하고 비판하기는 쉽지 않지만 그러지 않을 경우 처벌을 받기 때문에 어쩔 수 없다.

생산과정에 대한 당의 직접적 간섭은 '대안의 사업체계'로 구체화되었다. 소련을 비롯하여 대부분의 사회주의국가의 생산관리는 지배인이 담당했다. 북한에서도 정권 초기에는 '지배인 유일관리제'가 실시되었으나 1960년대 초 대안의 사업체계로 바뀌었다. 대안의 사업체계에서는 지배인이 아닌 공장당위원회의 당위원장이 생산의 총책임자가 된다. 따라서 경제적 효율성보다는 당성이 가장 중요한 생산 기준이 되었다. 여기서 당성은 당의 가장 중요한 특성, 즉 김일성 독재를 위한 수단화를 뜻한다. 다시 말해 생산의 핵심 목표는 김일성 독재 유지 및 강화로서 이는 경제가 정치에 종속되는 것을 뜻한다.

니코스 폴란차스에 따르면 자본주의에서 경제 영역과 정치 영역이 서로 상대적인 자율성을 가지는 것은 노동력의 (정치 영역에서 분리된) 상품화가 이루어지는 자본주의 고유의 생산관계 때문이다. 하지만 이론적 사회주의가 아닌 소련, 중국, 북한 등 현실사회주의의 당-국가 체제에서는 정치와 경제 영역의 분리가 미흡하다. 이는 실질적 소유권이 기업이나 개인 등 '사회' 요소가 아닌 '국가' 관료에게 속하기 때문이다. 즉 사회주의에서 변형된 생산관계는 경제와 정치가 보다 밀접하게 연결되는 결과를 초래한다. 북한의 경우는 대안의 사업체계에 따라 생산과정에서 당위원회를 통한 당의 직접적인 통제로 이러한 색채가 보다 강해졌다. 그와 함께 경제와 정치의 구별이 더욱 모호해지면서 경제 영역의 정치 영역에 대한 종속화가 다른 사회주의국가들보다 심화되었다.

경제 위기와 동의-강제 기제의 조정 ＿＿＿＿

김일성 사후 1994년부터 시작된 경제 위기는 북한에서 동의 주도의 지배 체제를 무너뜨렸다. 경제 위기가 촉발한 대량 아사 사태를 겪으면서 더 이상 체제에 순응하는 것으로는 인민의 생존이 불가능해졌기 때문이다. 이 기간 동안 체제에 순응하며 체제가 바라는 대로 행동했던 사람들은 생존 자체가 위협을 받았다. 실제로 최소 수십만 명의 북한 주민들이 사망했다. 그에 반해 북한 체제의 빈틈을 파고들어 스스로와 가족의 생존을 도모했던 사람들은 살아남을 수 있었고, 나아가 더 나은 삶을 살 수 있었다. 그들이 찾은 출구는 다름 아닌 농민시장이었다. 농민시장은 1950년대 후반부터 국가가 허용한 잉여 농산물 거래 장소로, 경제 위기 이전에는 아주 미미한 역할만을 담당했다. 하지만 경제 위기 이후로 농민시장은 북한 주민들의 생존을 위한 절대적 공간이 되었다. 농민시장을 통한 아래로부터의 급속한 시장화는 북한 주민들에게 숨통을 틔어주었다. 뿐만 아니라 주민 생활에 어느 정도 자율성을 제공해주기까지 했다. 예컨대 살고 있는 지역을 벗어나 열차 등을 타고 다른 지역으로 장사하러 가는 일이 가능해졌는데, 이는 경제 위기 이전에는 불가능한 일이었다.

시장화가 급진전되면서 북한에서 국가와 사회관계를 결정짓는 가장 중요한 요소 가운데 하나인 국가로부터의 독립성 또는 자율성 수준이 급격히 확대되었다. 사고, 팔고, 여행하고, 모이는, '사실상의' 사적 자유가 생겨나고 확대됨에 따라 개인에 대한 국가의 감시 및 통제 수준이 저하된 것이다. 그람시에 따르면 경제 위기 자체로 체제 위기가 도래하는 것은 아니다. 경제 위기는 체제 위기를 촉발할 수도 있고 그러지 않을 수도 있다. 중요한 것은 변화에 대한 대중의 인식이다. 그러한 인식이 커질 때 체제 위기가 발생하는 것이다. 북한에서도 경제 위기 자체가 아니라 시장화에 따른 동의기제 약화가 관건이었다. 이는 체제 위기를 촉발할 수 있기 때문이다.

이러한 사회적 혼란의 시기에 김정일은 경제 위기가 정권의 붕괴로까지 이어질 수 있는 정치 위기로 전화되는 것을 막기 위해 강제기제를 확대했다. 즉 동의-강제 기제의 조정이 이루어진 것이다. 강제기제의 확대는 구체적으로 보다 엄격해진 형벌 제도, 심화조 사건 등의 숙청, 그리고 선군정치 등으로 나타났다.

심화조 사건은 사회안전성에 비밀경찰 조직인 심화조를 설치하고 많은 무고한 인물들을 한국전쟁 때 스파이 활동을 했다는 누명을 씌어 숙청한 사건이다. 장성택과 사회안전성 정치국장 채문덕이 이를 주도한 핵심 인물이었으나 김정일의 지시를 받고 움직인 것뿐이다. 당시 숙청된 인원은 약 2만 5,000명에 달했고 그중 1만 명 정도가 죽음을 당했다. 당시 처형된 인물 중에는 중앙당 책임비서 문성술, 농업담당비서 서관희 등 고위 당 관료도 포함되어 있었다. 하지만 부작용이 너무 커지자 김정일은 심화조 수사가 불법적으로 이루어졌고, 많은 무고한 사람들에게 누명을 씌었다며 심화조 단원들을 처형하고 스스로 인민의 구원자를 자처했다.

선군정치는 1995~1997년 사회의 불안정성이 높아가는 시기에 김정일이 군의 역할을 강조하면서 부각되었다. 이후 1998년 김정일이 김일성의 3년상을 마치고 국가수반인 국방위원장으로 취임하면서 북한 정권의 핵심 통치 방식이 되었다. 그에 따라 국방위원회는 최고 국가권력기관이 되었으며, 군의 정치 참여가 헌법으로 보장되었다. 북한에서는 선군정치의 실시 배경으로 소련과 동유럽 사회주의국가들의 몰락 원인 중 하나는 군이 정당한 대우를 받지 못했기 때문이며, 경제 위기로 체제가 흔들리는 상황에서 외부 위협으로부터 사회주의 정권을 지키기 위해 군의 역할이 더욱 중요해졌다는 점 등을 강조했다. 하지만 실제로는 경제 위기로 인해 당이 사회질서를 유지하기 힘든 상황에서 당 대신 군이 그 역할을 담당하고, 여기에 군이 가진 인력과 자원 등을 적극적으로 활용해서 경제 회복을 꾀하려고 했던 것이 더 큰 이유라고 할 수 있다. 특히 후자의 경우는 군이 경제 부문에 직접 참여하는 것으로 귀결되었다. 이는 김정일 집권기 북한 경제의 주요 특징으로 자리 잡는다.

새로운 동의기제의 추구 ＿＿＿

북한에서 헤게모니적 지배는 당의 유일사상(주체사상) 체계의 적극적인 확립을 통해서 이루어졌다. 따라서 가장 중요한 교리는 '당의 유일사상 체계 확립을 위한 10대 원칙'('10대 원칙')이었다. 북한에서 10대 원칙은 여타 다른 법률, 나아가 헌법보다도 중요한 역할을 했다. 악명 높은 정치범 수용소에 갇힌 주민들 역시 일반 법률을 어겨서 갇힌 경우보다는 이 10대 원칙을 어겨서 수감된 경우가 대부분이었다. 10대 원칙의 내용을 보면 다음과 같다.

1) 위대한 수령 김일성 동지의 혁명 사상으로 온 사회를 일색화하기 위하여 몸 바쳐 투쟁하여야 한다.
2) 위대한 수령 김일성 동지를 충성으로 높이 우러러 모셔야 한다.

3) 위대한 수령 김일성 동지의 권위를 절대화하여야 한다.

4) 위대한 수령 김일성 동지의 혁명 사상을 신념으로 삼고 수령님의 교시를 신조화하여야 한다.

5) 위대한 수령 김일성 동지의 교시 집행에서 무조건성의 원칙을 철저히 지켜야 한다.

6) 위대한 수령 김일성 동지를 중심으로 하는 전당의 사상의지적 통일과 혁명적 단결을 강화하여야 한다.

7) 위대한 수령 김일성 동지를 따라 배워 공산주의 풍모와 혁명적 사업 방법, 인민적 사업 작풍을 소유하여야 한다.

8) 위대한 수령 김일성 동지께서 안겨주신 정치적 생명을 귀중히 간직하며 수령님의 크나큰 정치적 신임과 배려에 높은 정치적 자각과 기술로서 충성으로 보답하여야 한다.

9) 위대한 수령 김일성 동지의 유일적 영도 밑에 전당, 전국, 전군이 한결같이 움직이는 강한 조직 규율을 세워야 한다.

10) 위대한 수령 김일성 동지께서 개척하신 혁명 위업을 대를 이어 끝까지 계승하며 완성하여 나가야 한다.

과거 김일성 시대와 같은 동의기제를 재작동하기 위해서는 시장 억압이 필수적이었다. 시장화의 급진전으로 많은 주민들이 시장 활동을 하느라 당 활동에 참석하지 못해 유일사상 체계 확립을 위한 당의 교육 활동이 큰 제약을 받고 있었기 때문이다. 예컨대 과거에는 사는 곳과 일하는 곳을 벗어나기가 지극히 어려웠다.

하지만 경제 위기 상황에서는 굶어 죽지 않기 위해 시장에서 돈을 벌어야 했고, 국가도 어쩔 수 없이 주민들이 외부로 나가는 것을 허락해주었다. 문제는 외부로 나가면 당연히 거주지와 직장 내 당 활동에 참석하지 못하고, 따라서 북한 주민에 대한 이데올로기 교육이 제대로 이루어지지 못한다. 하지만 시장에서의 활동이 일반 주민뿐 아니라 권력자들까지, 모든 북한 주민들에게 반드시 필요한 일이 되어버린 오늘날, 시장 억압은 사실상 불가능에 가깝다. 즉 주체사상이라는 지배 이데올로기를 핵심으로 하는 헤게모니적 지배와 시장화는 상충할 수밖에 없는 상황이다. 결국 둘 중 하나를 선택해야 하는데 현재의 북한은 무엇을 선택할 수 있을까?

김정은의 선택은 아직까지는 후자, 즉 시장화라고 볼 수 있다. 북한이 과거 방식의 동의기제로 되돌린다면, 시장화 후퇴 또는 최소화를 수반할 수밖에 없다. 하지만 이 경우라면 지배 자체가 불가능하다. 구하의 지적대로 헤게모니가 없는 지배 상태는 장기적으로 체제의 불안정성, 나아가 체제 붕괴까지 야기한다. 따라서 동의 주도의 지배를 회복하되 그 방식과 내용을 전면 개편해야 한다.

실제로 김정은은 김정일과 달리 집권 이후에 시장을 억압한 적이 없다. 김정은 치하에서 북한의 시장은 발전을 거듭하며 그 규모와 정도에서 김정일 시기와 확연한 차이를 보인다. 또한 시장화와 더불어 주체사상을 핵심으로 하는 북한 체제의 특징도 점차 지워나가고 있다. 대표적 사례가 '당의 유일사상 체계 확립을 위한 10대 원칙'을 2013년에 '당의 유일적 영도 체계 확립을 위한 10대 원칙'으로 바꾼 것이다. 그 내용은 다음과 같다.

1) 온 사회를 김일성-김정일주의화하기 위하여 몸 바쳐 투쟁하여야 한다.

2) 김일성과 김정일을 우리 당과 인민의 영원한 수령으로, 주체의 태양으로 높이 받들어 모셔야 한다.

3) 김일성과 김정일의 권위, 당의 권위를 절대화하며 결사옹위하여야 한다.

4) 김일성과 김정일의 혁명사상과 그 구현인 당의 노선과 정책으로 철저히 무장하여야 한다.

5) 김일성과 김정일의 유훈, 당의 노선과 방침 관철에서 무조건성의 원칙을 철저히 지켜야 한다.

6) 영도자를 중심으로 하는 전당의 사상의지적 통일과 혁명적 단결을 백방으로 강화하여야 한다.

7) 김일성과 김정일을 따라 배워 고상한 정신도덕적 풍모와 혁명적 사업 방법, 인민적 사업 작풍을 지녀야 한다.

8) 당과 수령이 안겨준 정치적 생명을 귀중히 간직하며 당의 신임과 배려에 높은 정치적 자각과 사업 실적으로 보답하여야 한다.

9) 당의 유일적 영도 밑에 전당, 전국, 전군이 하나와 같이 움직이는 강한 조직 규율을 세워야 한다.

10) 김일성이 개척하고 김일성과 김정일이 이끌어온 주체혁명 위

업, 선군혁명 위업을 대를 이어 끝까지 계승·완성하여야 한다.

더 이상 사상이 앞서는 형태가 아닌 시스템적으로, 즉 체계적으로 북한을 통치하겠다는 것이다. 여기서 체계적이라는 것은 김정일 시대의 변칙적인 국가 운용이 아닌 다른 사회주의국가들의 사례와 유사하게 공산당(북한에서는 조선노동당)이 중심이 되는, 즉 당적 통제가 작동하는 체계를 말한다. 이와 관련하여 당의 역할도 변하고 있다. 과거의 당은 온 사회의 주체사상화가 지상과제였다. 하지만 현재의 당은 통치 체계의 정교화를 시도하면서 당-국가 체제를 복원하기 위해 노력하고 있다.

당-국가 체제의 복원을 위한 북한의 노력은 '당의 유일적 영도 체계 확립을 위한 10대 원칙'에도 잘 드러나 있다. 당의 권위를 김일성, 김정일에 버금가는 위치로 높임으로써 북한이 더 이상 군이 앞서는 정치, 즉 선군정치의 나라가 아니라는 것을 강조한다. 다시 말해 당-국가 체제의 복원은 선군정치의 부작용을 지우기 위한 노력이기도 한 것이다. 김정은 치하의 북한은 이를 위해 혹독한 군부 길들이기에 나섰다. 예컨대 김정일이 총애했던(죽기 전 김정은을 도와달라고 부탁까지 했던) 리영호 인민군 총참모장부터 시작하여 많은 장성들을 숙청했다. 심지어 공개적으로 처형하는 경우도 비일비재했다. 그와 함께 외화벌이 사업 등 선군정치 시대에 수익이 많은 사업을 독점했던 군부로부터 주요 사업 부문을 내각(과 당) 산하로 이관했다.*

지금의 북한은 과거와 같은 '사상을 통한 동의 주도의 지배'가 아닌 새로운 대체제로 동의 주도의 지배를 복원해야 하는 상황에 있다. 그리고 그 역할을 시장이 맡고 있다. 경제적 성과가 새로운 동의기제로 작동하는 것이다. 그런 맥락에서 현재의 북한 정권이 안정적으로 사회를 지배하기 위해서는 경제적 성과가 관건이다. 경제적 성과가 뚜렷할 경우 주체사상이라는 이데올로기는 앞으로도 현재와 같이 전면에 나서지 않을 가능성이 크다. 그러나 핵협상이 지지부진하면서 경제성장이 이루어지지 않을 경우, 즉 경제적 성과가 미흡할 경우에는 이전으로 돌아가 조정된 혹은 보완된 주체사상이 다시 동의기제로서 역할을 할 수 있다. 과거와 같이 이데올로기가 사회의 중심축을 형성하는 사회로 돌아가는 것이다.

과연 북한의 미래는 어느 방향으로 전개될까? 북한에 어떤 미래가 펼쳐질지 알 수 없지만 다음 장부터는 북한의 미래를 읽는 단초로 김정은 시대의 북한이 겪고 있는 정치경제의 변화를 분석해보자.

---

* 김정은 시대 선군정치의 종식, 당-국가 체제의 복원 등에 대한 보다 구체적인 내용은 다음 장을 참조하라.

\ 9장 \

김정은 시대의 북한은
김정일 시대의 북한과
어떻게 다른가?

한국인들에게 북한은 김일성, 김정일, 김정은으로 이어지는 김씨 가문 독재자들에게 불쌍한 주민들이 다른 세상과 동떨어진 삶을 살며 억압받는 곳, 타임머신을 타고 과거로 날아가 목격할 법한 발전이 매우 더딘 곳, 얼마 전까지 수십만 명의 주민이 굶어 죽을 정도로 세상에서 가장 가난한 곳 등 고립되고 정체되었으며 매우 빈곤한 사회라는 이미지가 강하다. 그러나 오늘날의 실제 북한은 과거와는 상당히 다른, 많은 부분에서 매우 역동적으로 변화하는 모습을 보여주는 사회이다. 이러한 변화를 체계적으로 이해하기 위해 우리는 구체적인 질문을 던질 필요가 있다. 예컨대 김정은 시대의 북한은 김정일 시대의 북한과 어떻게 다른가?

9장에서는 김정은 시대의 북한과 직전 김정일 시대의 북한을 비교하며 크게 세 가지 내용에 역점을 두고자 한다. 첫째, 김정은 시대의 북한에서는 더 이상 선군정치가 작동하지 않는다. 선군정치는 김정일 시대의 경제 위기 상황에서 실시한 임시적인 조처였으나 경제 위기가 상당히 해소된 뒤에도 상당 기간 지속되었다. 군인들이 북한 사회의 주역인 모습은 김정은 시대에 들어서서야 종식되었고, 예전 군의 모습으로 돌아갔다.

둘째, 김정은 시대의 북한은 당-국가 체제 복원에 성공했다. 당-국가 체제는 러시아혁명 후 사회주의 모국인 소련이 채택한 사회주의국가의 전형적인 모습이라고 할 수 있다. 북한 역시 초기에는 당-국가 체제를 받아들였다. 하지만 김정일이 실권을 장악한 이후 전형적인 틀에서 벗어나기 시작했고, 선군정치가 실시되면서 상당 부분 해체되었다. 당-국가 체제는 김정일 집권 말기가 되어서야 복원을 위한 노력이 시작되었다. 하지만 한계가 있었고, 김정은 시대에 들어와 적극적으로 당-국가 체제 복원에 역량을 집중하면서 성과를 만들어냈다.

셋째, 김정은 시대에는 지속적인 시장 활성화 방안이 추진되고 있다. 1990년대 경제 위기 상황에서 계획경제가 붕괴되자 북한 주민들은 생존을 위해 시장에 의지했다. 하지만 김정일은 종종 시장에 대한 억압 조치들을 취함으로써 시장에 대한 불신을 보여주었다. 나아가 반시장 정책을 빈번하게 추진했다. 그에 반해 김정은은 집권 이후 줄곧 시장 억압 조치들을 취하지 않으면서 시장을 지속적·적극적으로 활용하며 북한 경제의 회복을 이끌었다.

아래에서는 위에서 서술한 내용, 즉 김정은 시대의 선군정치 종식, 당-국가 체제의 복원, 그리고 계획과 시장의 이중구조화에 대한 보다 상세한 설명을 하고자 한다. 물론 김정은 시대 북한의 사회 변화를 개혁개방의 기준에서 살펴보면 부족한 점이 적지 않다. 하지만 몇몇 측면에서, 특히 자본주의 발전 측면에서 주목해볼 만하다(이 부분에 대한 내용은 10장에서 다루도록 하겠다).

선군정치의 종식 _____

북한 통계에 의하면 김정일은 1995년 1월 1일부터 8년간 군부대 등 무력 기관의 현지 지도를 1,137번 했다. 주평균 3번 한 셈이다. 1995년부터 시작된 김정일의 군 중시는 1998년 헌법 개정을 통해 선군정치라는 하나의 제도로 뒷받침되었다. 새로운 헌법은 국방위원회의 권한과 역할을 공식적으로 강화했고, 국방위원회의 수장인 국방위원장은 국방뿐 아니라 국가 운영의 모든 것을 관장한다고 명시했다.

북한의 정의에 따르면 선군정치는 "군사를 선행시킬 뿐만 아니라 군에 의거하여 혁명과 건설을 추진시키고 군을 혁명의 주력군, 기둥으로 내세우고 군에 의거하여 혁명을 전진시키는 정치 방식"이다. 즉 선군정치에서는 군의 역할이 전쟁 수행뿐만 아니라 사회질서 유지, 경제발전 등 사회 제반 분야로까지 확대된다. 김정일이 선군정치를 내세운 이유는 여러 가지가 있지만 가장 핵심은 당의 위기관리 능력의 한계를 절감했기 때문이다. 실제로 김정일은 "인민군대의 당 사업은 잘되고 있지만 사회의 당 사업은 그렇지 못하다", "당 간부들을 보면 신경질이 난다" 등의 표현을 쓰면서 위기 시 당의 역할에 대해 의문을 표했다.*

선군정치는 이후 북한 사회에 커다란 영향을 끼쳤다. 가장 지속적인 영향은 경제 분야에서 군의 역할 증대라고 할 수 있다. 처음에는 일반 노동자들이 생존을 위해 시장 활동에 종사하면서 직장을 이탈하는 경우가 빈번해지자 군인들을 동원해 부족한 노동력을 채우려고 했던 것에서 시작되었다. 예를 들어, 선군정치 초기에 군인들은 건설 현장의 노동자, 농부, 주요 공장의 경비원 등으로 투입되면서 경제 위기 상황에서 경제 재건의 주역으로 포장되었다. 또한 경제 위기 당시 예산 부족으로 국가에서 군에 재정적으로 충분하게 지원하지 못하는 상황이 되자 군대 스스로 돈벌이에 나서도록 김정일이 허용한 측면도 있다.

내각은 김정일의 지시가 떨어지자마자 몇몇 집단농장, 공장, 기업 등의 사용권을 군에 이전했다. 군은 젊은 노동력이 풍부하고 트럭 등의 수송 수단도 민간에 비해 압도적으로 많은 데다 군 장성의 권력도 막강했기 때문에 오래지 않아 수익 좋은 돈벌이는

---

* 물론 그렇다고 군의 지위가 당의 지위보다 높아진 것은 아니다. 김정일은 총정치국, 당 조직지도부, 당 중앙군사위원회, 국방위원회 등을 통해 당이 언제나 군을 통제할 수 있는 메커니즘을 구현해놓으면서 군을 확실히 장악했다. 선군정치를 설명한 북한 문헌에서도 "당과 군대가 서열상 누가 선차냐 할 때 당이 앞자리에 놓이며, 따라서 군대는 그 위상에서 명실공히 당의 군대로 자리"한다고 명확하게 밝힌 바 있다(김철우, 2000).

군 장성과 그의 가족들 차지가 되었다. 2000년대 초반에 이르면 군은 외화벌이 등 수익이 높은 분야를 독점하면서 전체 북한 경제 운용에 막대한 지장을 초래했다.

선군정치는 2000년대 후반 부작용이 누적되면서 조정되기 시작한다. 2000년대 중반 이후 경제가 어느 정도 위기 국면에서 벗어나자 국가의 사회통제 강화 차원으로 시장 억제 정책을 포함한 당의 역할이 강화되면서 군의 경제 분야 영향력도 점차 축소되었다. 특히 군의 수익 사업 독점으로 전 국가적 차원의 경제정책 수립과 실행이 어려워지자 군이 틀어쥐고 있던 외화벌이 사업을 하나씩 내각과 당으로 옮겼다. 이를 담당한 인물이 장성택이다. 김정일은 '혁명화'라는 이름으로 지방에 좌천되어 근신 중이던 처남 장성택을 불러들여 새롭게 행정과 치안 업무를 전담하는 행정부를 만들고 그를 수장으로 앉혔다. 이후 장성택은 군의 외화벌이 사업을 내각과 당 산하로 옮기는 작업을 추진했다.** 그러나 이 시기는 여전히 선군정치를 내세운 김정일 치하였고 고위 군 장성의 영향력 또한 막강했다. 그 때문에 군의 영향력 축소는 한계가 있을 수밖에 없었다.

김정은 시대에 들어오면서 크게 두 가지 면에서 군의 영향력

** 장성택은 그 와중에 엄청난 부를 쌓았다. 그는 군의 알짜배기 외화벌이 사업장들을 자신과 자신의 부하가 관리하는 조직으로 옮기는 방식으로 막대한 부를 쌓았다. 강압적인 방식으로 이루어진 이러한 이권 획득은 김정일 생전에는 그의 지지 아래 가능한 일이었지만 김정일 사후에는 장성택이 몰락한 원인 중 하나가 되었다.

이 급속하게 약화되었다. 첫째, 군의 경제활동 참여를 대폭 축소하면서 내각이 외화벌이 부문에 대한 전면적 관리를 실시했다. 김정은은 집권 직후인 2012년 4월 6일 당원들 앞에서 한 '4·6 담화'를 통해 외화벌이 사업에서 내각의 역할을 강조했다. 같은 해 5월 14일 군인들 앞에서 한 '5·14 연설'을 통해서는 군에 부패가 만연하며, 돈벌이에 지나치게 열중하고 있다면서 군의 경제활동에 직접적인 비판을 가했다. 그는 이러한 비판과 함께 집권 초부터 군이 외화벌이 창구로 이용했던 무역회사들의 상당수를 내각으로 이전했다. 또한 최소한의 살림살이를 보장하기 위해 아직 군 소속으로 남겨두었던 외화벌이 기업들 또한 내각의 관리 아래 두었다. 내각이 제 기능을 못해 외화벌이 사업들이 개별적으로 운용되었던 김정일 시대와 달리 김정은 시대에는 내각의 전면적인 관리 아래 각 사업들이 점차 통합적으로 운용되었던 것이다.

둘째, 고위 장성에 대한 대대적인 숙청으로 김정은 시대에는 군의 영향력이 크게 축소되었다. 김정은 집권 후 숙청은 2013년 고모부인 장성택의 경우를 제외하면 주로 군 고위 장성과 군 출신 고위 관료에 집중되었다. 대표적으로 인민군 총참모장 리영호, 인민무력부장 현영철, 국가보위부장 김원홍 등이 있다. 특히 현영철은 2016년 4월 김정은이 주재한 회의에서 졸았다는 이유로 불경·불충죄로 엮어 고사포로 공개 처형되었다.

군 고위직의 잦은 해임, 고위 장성의 잦은 계급 강등 등 역시 군부 길들이기의 일환으로 볼 수 있다. 오늘날 북한 군 고위 인사들은 김정은이 고모부 장성택, 총정치국장 황병서, 국가보위부장 김원홍 등 한때 최고의 권력을 쥐었던 고위 관료들조차 가차 없이 숙청하고 처형하는 모습을 지켜본 터라 아무리 높은 직위에 있더라도 김정은의 명령에 조금의 의문도 표할 수가 없는 상황이다.

제도적으로 선군정치의 완전한 종식은 국방위원회의 위상 약화와 폐지를 통해 이루어졌다. 이는 김정은이 공식 후계자로 등장하는 무대를 국방위원회가 아닌 당 중앙군사위원회를 택한 것에서부터 시작되었다. 김정은은 2010년 9월 28일 개최된 제3차 당 대표자회에서 당 중앙군사위원회 부위원장으로 선임되었다. 이때부터 군이 주축이 된 국방위원회가 아닌 당이 관리하는 당 중앙군사위원회가 실세 기구로 급부상했다. 이후 당 규약을 개정하면서 당 중앙군사위원회를 비상설 협의기구에서 상설 최고 군사기관으로 격상했다. 한편 설립 초기에는 당의 군 통제가 확립되지 않은 시기였기에 당 중앙군사위원회 위원이 군의 최고 실세들로 채워졌지만 시간이 지나면서 당 관료가 그 자리를 차지했다.

국방위원회가 마침내 폐지되고 선군정치가 제도적으로 완벽히 자취를 감춘 결정은 2016년 6월 29일 제13기 4차 최고인민회의에서 내려졌다. 제13차 헌법 개정을 통해 국방위원회가 폐지되고 국무위원회가 그 자리를 대체하면서 국방뿐 아니라 경제, 외교, 통일 분야 등 국정 전반을 담당하게 된 것이다. 동시에 김정은은 국방위원회 위원장이 아닌 국무위원회 위원장으로 직함을 바꾸면서 국무위원회가 헌법상 국가 최고 지도기관이 되었다. 이로써 선군정치는 헌법상으로도 그 상징이었던 국방위원회와 함께 역사 속으로 사라졌다.

당-국가 체제의 복원 _____

김정은 시대 당-국가 체제의 복원은 단지 선군정치 시대뿐만 아니라 김정일 시대와 완전히 차별화한다는 의미가 있다. 현실사회주의의 보편적 체제인 당-국가 체제를 북한에서 형해화形骸化한 당사자가 김정일이기 때문이다. 김일성은 독재 체제를 수립·강화하면서도 당-국가 체제를 유지했던 반면 김정일은 당-국가 체제라는 형식상의 제약도 없이 자신만의 친정 체제를 구축하면서 북한을 통치했다. 그런 의미에서 당-국가 체제의 복원은 오늘날의 북한이 김정일 시대의 북한과는 차별화되고 있음을 보여주는 가장 대표적인 사례라고 할 수 있다.

당-국가 체제 복원의 가장 상징적인 사건은 당대회의 개최이다. 사회주의국가의 당대회는 당의 주요 사업 결정, 당의 강령 및 규정 제정, 당의 노선 결정, 당 총비서의 추대 등이 이루어지는 현실사회주의국가의 가장 큰 정치적 이벤트이다. 하지만 북한에서는 5년에 1회씩 소집한다는 규정에도 불구하고 1980년 6차 당대회를 끝으로 36년간 열리지 않았다. 6차 당대회에서 김정일이 공식적으로 후계자가 되고—실제로는 이미 1970년대 초부터 후계자로 정치에 관여해왔다—이후 김일성은 외치, 김정일은 내치에 집중한 김일성-김정일 공동 통치 시기였던 점을 고려하면 6차

이후로 당대회가 열리지 않은 것은 김정일의 책임이라고 할 수 있다.

2016년 5월 6일 김일성 사후 처음으로 열린 당대회에서 북한은 몇 가지 정책 결정을 통해 당-국가 체제의 복원이 완료되었음을 대내외적으로 선언한다. 첫째, 조선노동당 위원장이라는 최고 직책을 신설하고 김정은이 그 자리에 오른다. 그와 함께 당 중앙위원회 위원, 당 중앙위 정치국 위원, 정치국 상무위원, 당 중앙군사위원회 위원장으로 김정은이 추대되면서 당이 핵심 통치 기반이 되었음을 보여준다. 둘째, 국방위원회를 폐지하고 대신 국무위원회를 신설하여 군 관련 국방위원회의 역할을 당 중앙군사위원회로 이관하는 '결정'을 내린다. 이는 다음 날 헌법 개정을 통해 공식화되었다. 셋째, 비서국이 폐지되고 정무국이 신설되었다. 이는 단순한 명칭 변경이 아니라 당의 역할이 확대된 것이다.

북미 핵 협상의 결렬, 계속되는 대북 제재, 코비드-19로 인한 국경 봉쇄 등으로 수년간 별다른 성과가 없었지만 북한은 2021년 1월 8차 당대회를 개최했다. 8차 당대회는 내용적인 측면에서 크게 중요한 사안은 없었지만 형식적인 측면에서 다음 세 가지는 주목할 만하다. 첫째, 어려운 상황에서도 '5년'의 기간을 두고 당대회가 열렸다. 둘째, 대회장 주석단 배경에서 7차 당대회에서는 등장한 김일성과 김정일의 초상화가 사라지고 대신 조선노동당 휘장만이 걸렸다. 셋째, 7차 당대회에서는 폐회곡이 북한 곡인 〈높이 날려라 우리의 당기〉였으나 8차 당대회에서는 일반적인 사회주의국가의 당대회 폐회곡인 〈인터나쇼날〉을 사용했다. 북한은 이러한 형식상의 특기할 점들을 통해 대내외적으로 정상적이고 일반적인 (사회주의)국가라는 점을 강조했다.

두 차례에 걸친 당대회, 특히 7차 당대회와 그 직후의 헌법 개정을 통해 북한은 당-국가 체제의 확립을 공식화했다. 당-국가 체제의 확립과 김정은이 당의 최고지도자로서 북한을 다스린다는 것은 경제 위기로 망가진 북한 사회의 정상화에 반드시 필요한 사안이었다. 또한 김정은이 김정일처럼 친정 체제로 북한을 다스리는 대신 정상적인 사회주의국가의 수반으로서 북한을 다스린다는 것은 대외 전략에서도 매우 유용하다. 김정은 스스로도 외국의 다른 정상이나 언론 등에게 정상 국가의 지도자로 대우받기를 원하고 있고, 이를 바탕으로 미국 등 외국과의 협상에서 보다 좋은 위치를 차지할 수 있을 거라고 기대하기 때문이다.

지속적인 시장 활성화 방안 추진 ＿＿＿＿

경제 위기를 겪으면서 북한 주민들은 생존을 위해 시장에 의지했다. 그 결과 시장이라는 계획 외 경제가 북한 경제를 실질적으로 움직이는 힘으로 작용하면서 사회를 지탱해나갔다. 그러나 주민들이 시장 활동에 참여하기 위해 직장이나 거주지를 잠시 떠나 있어야 한다는 것은 당의 이데올로기적 활동, 즉 주민들이 주체사상을 주입하는 활동에 그만큼 참여하지 못한다는 것을 의미한다. 그 때문에 김정일이 보기에 북한의 시장 규제는 단지 사회주

계획경제의 회복을 위해서뿐만 아니라 독재 정권의 생존을 위해서도 반드시 필요했다. 관건은 시장 억제 정책을 '시행하느냐, 시행하지 않느냐'가 아니라 '언제' 시행하느냐의 문제일 뿐이었다.

결국 김정일은 북한의 경제 상황이 이전보다 확연히 개선된 2000년대 중반, 보다 구체적으로는 2007년부터 시장 억제 정책을 본격화했다. 그는 2008년 6·18 담화를 통해 사회주의 원칙의 고수와 시장에 대한 통제 강화를 지시했다. 8·26 방침이라고 일컬어지는 2009년 8월 26일 연설에서는 "시장이 비사회주의 서식장이 되었다", "부익부 빈익빈의 썩고 병든 자본주의 길로 가게 하는 근본이 시장 운영 관리에 있다" 등의 언명을 통해 시장 억제를 노골화했다. 이즈음 북한은 김정일의 지시하에 2009년 1월부터 종합시장을 이전과 같은 농민시장으로 되돌리기 위한 조치들을 시행하고, 2009년 5월부터는 '150일 전투', '100일 전투' 등의 캠페인을 벌이면서 계획경제를 복원하기 위해 노력했다.

김정일 시대 북한에서 시장 억제 정책이 가장 노골화되었던 것은 2009년 11월 30일의 전격적인 화폐개혁이었다. 내용을 살펴보면 11월 30일부터 12월 6일까지 구권 100원을 신권 1원으로 교환하며, 교환 가능 금액은 가구당 10만 원으로 한정되고 나머지는 은행에 맡겨야 했다. 특히 후자가 북한 주민들에게 커다란 충격을 주었다. 당시 북한에서 은행에 돈을 맡긴다는 것은 국가에 헌납하는 것과 같았기 때문이다. 북한은 후속 조치를 통해 12월 초에는 공산품의 시장 거래를 금지하고, 장마당에서의 식량 판매를 금지했으며, 12월 말에는 외화 사용을 전면 금지했다. 다음 해인 2010년 1월에는 장마당을 전면 폐쇄하는 조치까지 내렸다.

그러나 북한의 전격적인 시장 억제 정책은 북한 경제의 급격한 침체와 사회 혼란을 유발하며 결국 곧바로 폐기되었다. 주민들의 저항 정도가 북한 역사상 최고 수준에 이르면서 정권 자체의 안전성이 흔들리는 사태에까지 직면하자 김정일은 어쩔 수 없이 시장 억제 정책을 거두어들일 수밖에 없었다. 물론 그 과정에서 김정일은 화폐개혁에서 주도적인 역할을 했던 박남기 재정경제부장, 김태영 재정경제부부장 등을 희생양으로 삼아 총살하며 정책 실패와 사회 혼란의 책임을 부하에게 미루는 것을 잊지 않았다.

김정은 시대의 북한은 앞선 김정일 시대와 달리 시장 억제 정책을 시행하지 않고 지속적으로 시장의 양적, 질적 확산을 도모했다. 그러는 동안 국산(북한산) 소비재 공급이 크게 늘어났고 경공업, 즉 식품가공업, 의류, 기타 공산품 부문에서 상당한 실적 개선이 이루어졌다. 특히 농산물 부문의 경우에는 김정은 시대에 들어와서 협동농장의 생산 단위 규모를 3~6명, 즉 거의 가족 단위로 줄이는 포전담당제를 실시하고 생산물의 자율 처분권을 대폭 늘리면서 획기적인 성과를 내고 있다. 북한이 코비드-19 상황에서 스스로 국경을 봉쇄했음에도 각지 시장의 쌀 가격이 큰 차이 없이 상당한 안정성을 유지하는 것을 보면 식량 사정 역시 나쁘지 않은 것으로 보인다.*

그 결과 (코로나 팬데믹이 시작되기 전 시기 기준) 많은 주민들이

'쌀밥에 고깃국'을 자주 먹을 수 있게 되었다. '쌀밥에 고깃국'을 일상적으로 먹는 것은 과거 김일성이 북한 주민들에게 했던 약속으로, 김정은 시대에 들어서서야 비로소 실현 가능성을 보인 것이다. 그러나 이를 가능하게 한 것은 김일성의 예상과는 달리 사회주의 계획경제 덕분이 아니라 현재 북한에서 활발하게 작동하고 있는 시장경제 덕분이다.

김정일 시대와 달리 김정은 시대에 시장 억제 정책을 추진하는 대신 오히려 지속적으로 시장의 힘을 활용하여 국가경제에 보탬이 되게 한 것은 여러 의의를 지닌다. 특히 김정은 시대의 북한은 김정은이 계속 강조한 대로 '인민대중제일주의'를 잘 따르고 있는 듯 보인다는 점이 두드러진다. 2013년 초 김정은이 처음 제시한 인민대중제일주의에 대해 〈노동신문〉은 2021년 4월 21일 "본질에 있어서 인민대중의 존엄과 권익을 절대적으로 옹호하고 모든 문제를 인민대중의 무궁무진한 힘에 의거하여 풀어나가며 인민을 위하여 복무하는 정치"라고 규정했다(김효은, 2021). 과거 김일성은 주체사상을 한마디로 설명하면 "혁명과 건설의 주인은 인민대중이며 혁명과 건설을 추동하는 힘은 인민대중에게 있다는 사상"이라고 말한 바 있다. 하지만 주체사상은 인민대중을 내세

---

* 코비드-19로 인해 2년 정도 지속된 국경 봉쇄에도 불구하고 2022년 1월 곡물 가격은 비교적 안정세를 유지했다. 이는 높아진 농업생산성과 더불어 '국가식량판매소'가 수매한 쌀과 옥수수를 일정 가격으로 판매하면서 공급을 조절하고 '82연합지휘부'가 곡물 사재기나 폭리를 엄벌에 처하면서 시장의 가격 상승을 억제하고 있기 때문이다 (Daily NK, 2022).

우면서도 실제로는 이를 독재의 정당화를 위해 활용했을 뿐이다. 반면 인민대중제일주의는 주체사상처럼 거창하지는 않지만 실제 인민대중의 삶에 보탬이 되고 있다. 북한의 선전 매체에서도 이를 김정은 시대의 가장 중요한 업적으로 내세우며 이전 정권과의 차별화를 꾀하고 있다. 김정은 시대의 지속적인 시장 활성화는 북한 주민들의 삶을 개선하는 데 크게 기여하고 있다는 점에서 일관성 있는 정책이라고 평가할 수 있다.

김정은 시대 북한의 가장 큰 특징은 김일성-김정일 시대와 달리 이데올로기 주입을 통해 정권의 정당성을 강제하는 대신 시장경제를 활성화해서라도 주민들의 삶을 개선하는 방식으로 정권의 정당성을 추구하고 있다는 것이다. 이데올로기 주입과 시장경제는 서로 상충되는 면이 많다. 앞서 확인했듯 이데올로기 주입을 위해서는 주민들에게 다양한 활동에 참가하기를 강제해야 하는데, 주민들이 시장경제에 참여하는 정도가 크다보면 이데올로기 주입에 장애가 생길 수밖에 없기 때문이다. 김정일이 이러한 딜레마에서 전자를 택한 것은 이데올로기 주입을 통한 주민 통제가 김일성 시대 이래로 북한 통치에서 가장 핵심이었기 때문에 부작용이 예상되었음에도 단행했다고 볼 수 있다. 그런 맥락에서 보면 김정은이 실행하고 있는 지속적인 시장화 촉진은 김정은 시대의 북한이 김정일 시대뿐만 아니라 김일성 시대의 북한과도 구별된다는 평가를 내릴 수 있는 근거가 된다.

신냉전에서 살아남기

미래를 가늠할 잣대로서의 현재 _____

김정은 시대의 북한이 김정일 시대와 구별되느냐 아니냐는 그 자체로 지금의 북한을 제대로 이해하는 데 필요하다. 하지만 그보다 더 중요한 점은 북한의 미래를 가늠하는 데 도움이 된다는 것이다. 지금은 잠시 중단되었지만 추후 재개될 수 있는 북미 핵 협상의 관건 중 하나가 북한이 진정 핵을 포기하고 개혁개방을 추구할지이다. 이는 개혁개방에 대한 북한의 진정성을 확인해볼 수 있는 문제이기도 하다. 북한의 개혁개방에 대한 진정성은 북한뿐만 아니라 남북 관계, 그리고 동아시아 국제관계의 미래를 예측하기 위해서도 반드시 제대로 파악할 필요가 있다.

과연 북한은 핵을 통한 정권 보위가 아닌 개혁개방을 꾸준히 추진해나가면서 정상적인 국가로 발돋움할 수 있을 것인가? 10장에서는 이와 관련한 내용을 다루어보자.

\ 10장 \

북미 정상회담으로
북한은 정말 핵을 포기할까?

어떤 조약도 결코 속임수의 장애가 되지 않는다(No treaty is ever an impediment to a cheat). _소포클레스^{Sophocles}

2018년 6월과 2019년 2월 두 차례에 걸쳐 북한의 김정은 위원장과 미국의 트럼프 대통령은 싱가포르와 하노이에서 만나 북한의 비핵화와 북한에 대한 경제제재 해제 또는 완화를 두고 북미 정상회담을 가졌다.* 국내외 높은 기대에도 불구하고 두 차례 정

---

* 2019년 6월 30일 판문점에서 문재인 대통령, 트럼프 대통령, 그리고 김정은 국무위원장의 회동이 있었다. 이때 김정은 위원장과 트럼프 대통령은 자유의집에서 회담을 가졌는데 이는 공식적인 협상이 아니다. 미국 측은 이 회담을 '사적 대화^{private conversation}' 정도로 언급하고 있기 때문에 이 책에서는 북미 정상회담을 2018년 6월과 2019년 2월의 회담으로 한정하여 기술한다.

상회담의 결과는 북한의 핵 포기 약속을 받아내지도, 또한 그에 상응하는 보상으로 북한에 대한 국제 제재 해제 및 완화를 끌어내지도 못했다. 하지만 아직 많은 이들이 2021년 1월부터 시작된 바이든-김정은 시대에 북한 핵 문제의 해결을 위한 역사적 사건으로서 북미 정상회담을 기대하고 있다. 그런데 과연 북한은 북미 정상회담으로 핵을 포기할까?

이 질문에 대해 필자는 바이든 정부 시기에 다시 북미 정상회담이 열리더라도 북한은 협상 결과와 상관없이 핵을 포기하지 않을 것이며, 오히려 몰래 핵을 보유 또는 계속 개발할 가능성이 크다고 생각한다. 사실 북미 정상회담 무용론의 배경이 되는 이러한 견해는 북한 핵 문제의 해결을 어렵게 하는 가장 중요한 원인 중 하나이기도 하다.

상식적으로 소포클레스의 명언처럼 조약을 맺었다고 해도 북한이 몰래 핵을 개발하는 것을 막기는 대단히 어렵다. 실제로 북한은 1992년의 한반도 비핵화 선언, 1994년의 북미 제네바합의 등 수차례에 걸친 비핵화 약속에도 몰래 핵을 개발해온 역사가 있다. 그러니 더더욱 비핵화와 관련하여 북한을 신뢰하기가 쉽지 않다. 이러한 이유로 국내외, 특히 미국과 일본에서 김정은-트럼프의 북미 정상회담에 우려를 표명했으며, 2019년 2월의 하노이 회담 협상 결렬에 대해서는 환영하기까지 했다(Fischetti & Roth, 2019; Pak, 2019; 천영우, 2019). 이렇듯 북미 정상회담에서 설사 김정은이 비핵화 협정문에 서명하더라도 이것이 북한의 핵 포기를 보장하는 것이 아니라는 인식이 팽배한 상황은 바이든 시대에 북미 정상회담이 열릴 필요가 있느냐는 의문으로 이어질 수밖에 없다.

북미 정상회담과 북한 비핵화 _____

북한과 미국의 정상회담만으로 북한의 비핵화를 가져올 수 없다면 정상회담은 불필요할까? 그렇지 않다. 오히려 북한과 미국의 비핵화 협상은 반드시 필요하며, 이는 북한 핵 문제의 종결이 아닌 문제 해결을 위한 진정한 의미에서의 첫 단추가 될 수 있다. 그리고 이를 위해 북핵 문제 해결을 위한 새로운 접근 방식이 필요하다.

한국이 핵을 가지지 않는 이유는 무엇일까? 무엇보다 핵 보유에 따른 기회비용이 지나치게 크기 때문이다. 같은 논리로 북한 역시 (비핵화 협상 타결 후 핵을 계속 보유하더라도) 핵 보유로 인한 기회비용이 지나치게 크다고 판단할 경우 핵을 포기할 수 있다. 핵을 보유하는 것이 북한 정권의 절대적인 목적은 아니기 때문이다. 어디까지나 북한 정권의 가장 중요한 목적은 정권 유지이며, 핵 보유는 이를 위한 핵심 수단이다. 목적과 수단을 혼동해서는 안 될 것이다. 북한은 만약 '핵 보유라는 수단'이 '정권 유지라는 목적' 달성에 장애가 된다면 당연히 핵을 폐기할 수 있다. 그러니 북한의 비핵화를 위한 노력은 이러한 상황을 만들어나가는 데 초점을 맞춰야 한다.

필자는 김정은이 북미 비핵화 협상에 나서는 일차적 이유를 대북 제재로 인한 경제적 어려움을 해소하기 위해서이며, 핵을 포기할지 말지는 추후 상황에 따라 판단할 것이라고 생각한다. 즉 북한의 김정은 위원장이 조심스럽고 의심이 많지만 합리적 정책 결정자라면 설사 비핵화 협상이 타결된다 할지라도 핵을 계속해서 보유하는 것이 정권 생존에 도움이 된다고 판단할 경우 계속 보유하려고 할 것이라는 말이다. 마찬가지로 핵 보유가 정권 생존에 부정적인 영향을 끼친다고 판단하면 핵을 폐기할 것이다. 그리고 판단 기준에는 비핵화 협상 타결의 순간뿐만 아니라 협상 타결 후 미국의 정책, 주변국의 대응 등을 포함한 대외적 환경 변화, 북한의 국내 정치경제적 변화 등이 포함될 것이다. 비핵화 협상 타결 후에 이어지는 상황 전개가 정권의 안전성에 이롭고 국제사회 몰래 핵을 개발하는 것이 정권의 안전성을 무너뜨릴 수 있다고 판단되면 핵을 완전히 폐기할 수밖에 없다. 따라서 북한의 핵 문제 해결을 위한 현실적인 관건은 북한 핵 보유의 기회비용을 키우는 것이다. 이를 위해 북한의 개혁개방이 가속화될 수 있도록 이끄는 것이 중요하다.

구체적으로 북한의 경제구조가 세계 자본주의 경제체제에 긴밀히 연결될 수 있도록 자리 잡게 하는 것이 중요하다. 이러한 맥락에서 핵 협상 타결은 크게 다음의 세 가지가 중요하다. 첫째, 북한은 경제성장과 핵 보유를 함께 추구하는 것이 바람직하다고 생각할 수 있지만 둘 중 하나를 선택해야 한다면 위험 부담이 큰 후자보다는 전자, 즉 경제성장을 택할 것이다. 단 북한 정권의 생존이 보장된다면 말이다. 이를 위해 핵 없이도 북한 정권이 생존할 수 있는 북미 비핵화 협상의 타결이 필요하다.

둘째, 핵 협상의 타결은 북한이 핵을 포기할 것이라는 약속이 전제되며, 이는 향후 제약으로 작용하여 북한 지도부에게 (핵을 포기할 때까지) 약속 이행의 부담을 강제할 수 있다. 따라서 핵 협상은 '완벽하지는 않겠지만' 최대한 치밀하고 세부적인 협상 타결이 이루어져야 한다.

셋째, 핵 협상의 타결은 북한을 세계 자본주의와 연결시켜 북한의 개혁개방을 가속화하는 매개 역할을 할 수 있다. 대북 제재 해제와 함께 북한이 시장사회주의 방향으로 개혁개방을 촉진할 수 있도록 하는 다양한 형태의 경제협력 및 지원이 이루어져야 한다.

이 같은 방식으로 접근한다면 무엇보다 북한과의 비핵화 협상에서 완전 무결성을 추구하지 않아도 된다. 지금까지의 접근 방식대로 하면 비핵화 협상에 나서는 당사자들이 협상 타결을 이루어낸다고 해도 이를 비판하는 내부 목소리가 클 수밖에 없다. 북한과의 협상 자체가 정치적으로 매우 위험한 도박이 되는 것이다. 설사 북한과 '완전하고 검증 가능하며 돌이킬 수 없는 비핵화CVID(Complete, Verifiable, Irreversible Dismantlement)'를 추구한 협상 결과를 이끌어낸다고 해도 빠져나갈 구멍loophole은 존재할 것이기 때문이다. 즉 북한이 결코 핵 보유를 포기하지 않을 것이라는 우려까지 비핵화 협상이 해소해주지는 않는다는 것이다.

현 상황에서 북한과 마주하는 협상 당사자들은 북한이 비핵화 협상에 서명한다고 해도 100% 만족할 수 없다. 협상이 타결되고 몇 년 후 북한이 핵을 개발하고 있었다는 것이 발각되면 그들은 정책 실패자 또는 북한에 또다시 속은 바보가 되기 때문이다. 즉 기존의 접근 방식으로 하면 북한과의 협상 자체가 독이 든 사과이며, 따라서 북한 핵 문제 해결을 위한 결단을 내리기가 매우 어렵다. 이러한 측면에서 보면 미국 협상 당사자들은 북한과 상대할 때 '나쁜 합의보다 타결되지 않는 것이 더 낫다(No deal is better than an bad deal)'는 생각을 항상 염두에 둘 수밖에 없다. 그렇기에 경험적으로 나쁜 합의가 될 가능성이 매우 큰 북한과의 협상은 결렬이 일상적일 수밖에 없다.*

　북한과의 핵 협상을 하나의 단계로 두고 이를 북한의 개혁개방을 가속화하는 수단으로 보면서 핵 보유의 기회비용을 높여야 한다는 주장은 무엇보다 북한의 본격적인 개혁개방을 기본 전제로 한다. 본격적인 개혁개방은 중국의 경우처럼 계획이 아닌 시장이 국가경제 운영의 주요 기준이 되는 시장사회주의를 불러온다. 또한 본격적인 개혁개방 추진으로 세계 자본주의와 긴밀히 연결된 시장사회주의가 확립되면 핵 보유의 기회비용은 감당할 수 없을 정도로 높아질 것이다.

---

* 대표적으로 북한은 1992년 남북 간의 '한반도의 비핵화에 관한 공동선언', 1994년 북미 간의 '제네바합의' 등에서 비핵화, 핵무기 개발 프로그램 폐기 등을 약속했지만 지키지 않았다.

그렇다면 남은 질문은 이것이다. 김정은은 핵 협상이 타결되어 대북 경제제재가 해제 또는 상당한 수준으로 완화된다면 과연 본격적으로 개혁개방에 나설 것인가? 이에 대해 필자는 핵 협상 타결 후 북한은 본격적인 개혁개방에 나설 수밖에 없다고 생각한다. 기존 경제 제도의 한계가 너무나 명확해서 적극적인 개혁개방은 선택의 여지가 없는 불가피한 것이다. 실제로 북한은 그러한 한계가 적나라하게 드러난 경제 위기 이후 시장화 정책을 적극적으로 추진했으며, 김정은 정권하에서 그 폭과 깊이가 일관되게 확대되었다. 따라서 핵 협상 타결이라는 계기가 주어지면 북한은 본격적으로 개혁개방에 나설 것이다.

북미 핵 협상 타결 이후 북한이 본격적으로 개혁개방을 추진할 것이라는 필자의 주장은 다음의 세 가지 근거를 통해서도 확인할 수 있다. 첫째, '정치에 종속된 경제'로 특징지어지는 북한 고유의 경제 관리는 개혁개방을 하지 않고는 정권의 생존을 담보할 수 없을 정도로 생산성이 낮다. 둘째, 지금 북한은 시장화를 적극적으로 활용하면서 개혁 노선의 경제정책들을 시행하고 있다. 셋째, 새로운 동의기제로 경제성장을 강조하면서 지배 이데올로기인 주체사상의 중요성이 약화되고 있다.

이에 대해 보다 구체적으로 살펴보자.

개혁개방의 불가피성 _____

현실사회주의의 생산성과 관련하여 특히 야노쉬 코르나이[Janos

Kornai는 『사회주의 체제의 정치경제학The Socialist System』(1992)*에서 체제 고유의 한계를 명료하게 지적했다. 예컨대 첫째, 자본주의에서 일반 기업은 경제활동이 예산에 크게 제약받을 수밖에 없는 경성예산제약Hard Budget Constraints 아래 있지만, 사회주의에서는 어차피 국가가 망하게 내버려두지 않기 때문에 기업은 예산에 크게 제약받지 않는 연성예산제약Soft Budget Constraints하에서 자원을 낭비하며 생산성을 악화시킨다. 둘째, 사회주의 계획경제하에서는 특정 기업의 생산에 맞춰 다른 기업의 생산이 이루어지기 때문에 한 기업에서 지체가 발생하면 다른 기업들도 줄줄이 차질을 겪을 수밖에 없다. 셋째, 시장을 염두에 두지 않고 국가가 할당한 생산량에 맞추기 때문에 양에 집중하여 품질을 포기함으로써 쓸 만한 제품이 적을 수밖에 없는데, 기업 입장에서는 공짜거나 낮은 가격으로 받을 수 있는 소재, 부품, 장비의 재고를 필요 이상으로 많이 갖고 있는 것이 합리적인 행위가 된다. 이는 자원을 크게 낭비시킨다. 이러한 특징들은 현실사회주의국가들의 낮은 생산성이 특정 개인이나 업체의 잘못이 아닌 사회주의 고유의 구조적 결함에 따라 발생하는 것임을 알게 해준다.

　생산관리 측면에서도 사회주의 체제는 생산성 향상을 위한 임금 메커니즘의 결여로 자본주의 체제에 비해 상당히 불리하다. 예를 들어, 20세기 초 미국을 강대국으로 이끈 포드주의는 도입 당

---

* 출간 연도는 원서의 출간 연도이다.

시 포드가 정한 '과학적 관리'에 따라 비숙련 노동자라도 단기간에 주요 공정에 투입할 수 있었다. 그러나 컨베이어벨트 속도에 맞춰 일해야 했으므로 노동강도가 세져 많은 이직률을 기록했다. 이에 포드는 일당을 하룻밤 새 2.3달러에서 5달러로 인상함으로써 이직률을 감소시켰고, 임금인상으로 노동자들이 더 오랜 기간 일하다보니 숙련화가 급진전되면서 생산성 역시 증가했다. 이는 주지하다시피 기계화에 따른 대량생산, 높은 임금으로 인한 대량 소비 사회의 출현, 그리고 생산성 증가의 선순환을 실현하며 미국을 초강대국 반열에 올려놓는다. 이러한 미국의 높은 생산성은 레닌과 스탈린을 매료시켜 다른 유럽 국가들과 마찬가지로 소련에서도 적극적으로 포드주의를 받아들이게 했다. 그러나 '과학적 관리'와 컨베이어벨트로 대표되는 기계화만 받아들였을 뿐 임금 메커니즘의 결여는 미국에서와 같은 생산성 향상을 이끌어내지 못했다.

북한 경제체제 역시 생산성과 관련하여 코르나이가 지적한 사회주의 고유의 여러 문제에 직면했다. 거기에 북한 특유의 경제 운용의 어려움도 더해졌다. 이를 생산성 관점에서 보면 '소련식 포드주의의 북한식 변용'이라고 특징지을 수 있다. 즉 정권 초기의 경제정책은 소련이 처음 단계부터 직접 관여했기 때문에 소련과 유사할 수밖에 없었다. 하지만 1956년 8월 종파사건을 거치면서 정권 수뇌부가 소련의 영향으로부터 벗어나고 김일성 독재 체제를 강화하기 위해 당 주도로 노동 동원을 극대화하는 정책들을 택하면서 생산의 정치화가 진행되었고, 경제는 정치에 종속되었다. 그에 따라 현실사회주의국가에서 공통적으로 보이는 생산관리의 단점까지 더해진 북한 특유의 단점으로 생산성은 극도로 악화되었다.

구체적으로 살펴보면, 해방 직후 중앙집권적 사회주의 생산이 시작되면서 실제로는 1945년 후반기, 공식적으로는 1949년 11월부터 북한에서는 소련식 포드주의라고 할 수 있는 유일관리제가 시작되었다. 유일관리제는 지배인이 기업 관리와 운영의 모든 권한을 갖고 결과를 책임지는 방식으로, 지배인에 대한 관리는 전적으로 국가의 몫이었다.* 한편 유일관리제하에서도 노동자들의 기업 관리 참여를 위해 조직된 생산협의회는 있었다. 그러나 이는 생산관리의 문제들을 집체적으로 토의하여 창조적 의견을 제시하는 역할에 머물렀다.

1961년부터 실시된 대안의 사업체계는 유일관리제와는 많은 점에서 달랐다. 대안의 사업체계는 공장 당위원회를 최고 지도 기관으로 하는 집체적 지도 체계로, 지배인이 아닌 공장 당위원회의 당비서가 기업 관리와 운영을 최종 결정하고 책임을 졌다. 북한에서는 대안의 사업체계를 실시한 이유로 지배인의 역량 부족, 부

---

* 지배인은 중간 관리층으로 상부(국가)와 하부(노동자)를 연결하는 고리 역할을 하면서 원칙상 국가의 지시를 기업소에서 충실히 수행하면서도 기업 관리에서 주체적인 입장이었다. 국가는 전체 경제발전을 위해 지배인이 효율적으로 기업을 운영하는 데 관심을 두었고, 따라서 지배인을 적절히 통제했다.

패, 당성 부족 등을 들었다. 하지만 그러한 이유보다는 노동 동원을 극대화하기 위한 측면이 더 컸다고 할 수 있다.

북한은 1956년 8월 종파사건 이후 김일성 독재를 위해 소련과 중국의 간섭으로부터 자립하기 위한 대외정책을 추진했다. 그러자 사회주의국가들로부터 원조가 급격히 줄어들었고, 이러한 상황을 타개하기 위해 노동 동원을 위한 생산 능력 강화를 시도했다. 이에 경제적 효율성과 합리성을 중시하는 지배인보다 당의 (단기적) 경제 목표 달성에 유리한 당위원회가 전면에 등장하게 된 것이다. 또한 당비서가 공장의 전체 운영자와 책임자가 되면서 공장 노동자들의 당성을 높이기 위한 교육 활동과 조직 활동도 보다 효과적으로 수행할 수 있었다. 독재를 위해 자립경제를 추구하면서 그로 인한 부작용을 최소화하고 독재 또한 강화할 수 있는 북한 특유의 '생산의 정치화'가 실현된 것이다. 생산의 정치화는 생산성보다 당성이 중요한 기준이 될 수밖에 없다. 결국 독재를 위해 경제가 희생된 것이다. 그리고 그 결과는 10-1 표에서 볼 수 있듯 해외에서 대량 외채를 얻었던 1970년대 초 잠깐을 제외하면 경제성장률의 계속된 내리막이었다.

정리하면 북한이 다른 사회주의국가들과 비교해서도 경제 침체가 두드러졌던 주요 이유 중 하나는 무엇보다 생산에 대한 당의 간섭이라고 할 수 있다. 많은 다른 사회주의국가들 역시 생산 관리를 지배인이 아닌 당위원회를 통해 당의 간섭을 강화한 시기가 있었다. 하지만 이후 나타난 생산성의 급감으로 다시 지배인의

기간	경제성장률(%)
1953~1956	30
1957~1960	21
1961~1965	9.9
1966~1970	5.4
1971~1975	14.2
1976~1980	4.0
1981~1985	3.6
1986~1990	1.4

10-1 경제 위기 이전 북한의 경제성장률(Kim·Kim·Lee, 2007).

역할을 강화하는 방향으로 정책을 전환했다. 유독 북한에서만 당의 간섭이 지속되고 심지어 강화되었는데, 무엇보다 이러한 북한 특유의 생산관리가 김일성과 김정일의 독재 유지 및 강화에 중요한 역할을 했기 때문이다. 즉 북한의 경제성장을 희생하면서까지 정치에 종속된 경제체제를 유지해온 것인데, 최고지도자의 독재를 위해 전 사회가 희생하는 체제라고 할 수 있다.

북한의 적극적인 시장화 정책 _____

유엔아동기금^{UNICEF}을 비롯한 유엔 산하 기구들의 지원을 받아 북한 통계 당국이 조사·발표한 바에 의하면, 북한 영유아의 영양 상태는 1990년대 후반 이후 2017년까지 전국적 범위에서 지속적으로 개선되었다. 북한에 대한 외부의 식량 원조가 크게 줄어든

신냉전에서 살아남기

2000년대 중후반 이후에도 개선 추세가 계속 이어지는 모습은 외부 도움 없이도 북한 주민들의 전반적인 생활수준이 향상되고 있음을 나타낸다. 또한 계획 외 비공식 소득, 즉 시장 활동에 따른 소득 비중도 2005년 이전 40%대, 2006~2010년 50%대, 2011년 이후, 즉 김정은 시대에는 60%대로 더 뚜렷하고 더 크게 상승하고 있다.

김정은 시대의 개혁은 가격 제도, 대외무역 체계, 재정 및 금융 제도 등 다양한 방면에 걸쳐 있다. 개혁을 뒷받침하기 위한 각종 경제 법령의 수정·보완, 그리고 개혁 내용을 당국자와 관리자들에게 숙지시키기 위한 교육 자료 작성까지 이루어진다. 이러한 개혁 중심에는 시장이 자리하고 있다. 현재 북한 전체 인구 가운데 시장 활동에 종사 또는 관계되어 있는 사람들의 비중은 70% 이상으로 알려져 있다.

1990년대의 경제 위기 와중에 시작된 북한 사회의 시장화를 국가가 인정하고 이를 활용하려고 한 시도는 2002년의 7·1 조치부터 본격화되어 현재 네 종류의 시장 발달을 이루어냈다. 첫째, 종합시장, 국영상점, (위탁)수매상점 등의 소비재 시장으로 여기에는 북한판 자본가라고 할 수 있는 돈주와 무역회사가 직간접적으로 참여하고 있다. 둘째, 2002년 개설된 사회주의물자교류시장과 2005년 만들어진 북중 합작의 수입물자교류시장 등의 생산재 시장이 있다. 셋째, 국가 은행이 제 기능을 하지 못하는 상태에서 돈주가 신용도에 따라 금리를 차등 결정하여 개인 및 기업과 거래하는 실질적인 자본 금융시장이 허용되고 있다. 넷째, 상점 주인이나 개인 수공업자가 필요에 따라 노동자를 고용하면서 초보적 임노동자가 생성되는 노동시장이 존재한다. 여기에는 돈주가 직간접적으로 연결되어 있다.

북한은 이 같은 네 종류의 시장을 활성화하면서 시장사회주의의 바로 직전 단계인 '계획과 시장의 이중구조화'를 구축했다. 즉 국가 기간산업을 비롯한 우선순위인 공식 부문은 계획 기반의 경제를 운영하고, 비우선순위인 비공식 부문은 시장을 적극 도입한 것이다. 예컨대 금융시장의 경우 국가 기간산업은 여전히 은행을 통해 정상적 관리를 하는 반면, 비기간산업에서는 돈주 등이 은행 없이 사적 거래를 통해 해당 부문에 돈이 돌도록 하고 있다.

그러나 계획과 시장의 이중구조화는 중국의 경우처럼 평행적 발전을 이루지 못한 채 시장이 계획의 영역을 침범해가는, 즉 시장사회주의로의 점진적 이행을 초래할 수밖에 없다. 예컨대 북한의 공식 부문이라고 할 수 있는 각종 당-군-정의 권력기관이 설립한 무역회사의 경우를 살펴보자. 10-2 표에서 볼 수 있듯 북한의 대표급 기업들이 망라되어 있으며, 독과점의 특혜와 초과이윤을 보장받으면서 수출입 업무의 대부분을 수행하고 있다. 북한의 핵심 권력기관 역시 시장에 의존하며 부를 쌓고 있는 것이다. 따라서 시장의 존속, 나아가 발전은 이들 권력기관의 이해에 부합한다.

북한의 무역회사들은 자체 예산이나 국가에서 받은 액상계획

신냉전에서 살아남기

회사	권력기관	회사	권력기관
대성총무역회사	노동당 39호실	은하총무역회사	내각, 경공업성
묘향무역회사	노동당 39호실	평양담배수출입회사	내각, 경공업성
릉라도총무역회사	평양 당위원회	조선대양총회사	내각 직속
금릉수출입회사	당 군수부	릉라888무역회사	금수산태양궁전
은덕무역회사	당 군수부	잠샘무역회사	군, 보위사령부
대양무역회사	당 간부부	비로봉무역회사	군, 정찰총국
영광무역회사	당 국제부	청봉무역회사	군, 정찰총국
광명성총무역회사	당 통일전선부	융성무역회사	군, 후방총국
룡각산총무역회사	당 제2경제위원회	은파산무역회사	군, 국경경비대
장성무역회사	평양시 인민위원회	승리총무역회사	군, 총정치국
828무역회사	김일성 청년동맹	녹산무역회사	사회안전성
옥류무역회사	내각, 외무성	조선신흥무역회사	국가보위성
봉화총무역회사	내각, 무역성	동양무역회사	군, 호위사령부

10-2 북한의 무역회사와 관련 권력기관.

(금액상으로 목표를 세운 계획)을 독자적인 상업적 활동을 통해 조
달하거나 달성할 목적으로 상부 기관의 허가를 받아 권력기관의
공적 권한과 국가 자산 및 인원을 민간업자의 사적 자본 및 경영
능력과 혼합하는 방식으로 운영된다. 이들 무역회사는 공식 부문
에 속하지만 사업 자체에 시장적 상업 활동이 섞여 있어 딱부러
지게 공식과 비공식으로 나눠 구분하기 어렵다. 권력기관은 달리
투자할 데가 없는 민간업자에게 투자 기회와 정치적 보호를 제공
하고, 민간업자에게 공적 직책을 부여하여 상업적 활동이 공무의

일환이 되도록 한다. 이를 통해 얻은 수입은 권력기관과 민간업자가 나눠 가진다.

시장이 확산되면서 생산성도 향상되는데, 이를 농업과 공업 부문으로 나눠보면 다음과 같다. 먼저 농업 부문의 경우 김정은은 집권 초인 2012년 6월 농업 생산성 제고를 위해 6·28 방침을 시행했다. 협동농장은 여러 개의 작업반으로 구성되고 이 작업반은 다시 여러 개의 분조로 이루어지는데, 6·28 방침은 기존의 분조관리제 틀(통상 10~25명)에서 분조 인원을 4~6명의 가족 단위로 축소했다. 이는 2002년 7·1 조치의 포전 담당제 분조 규모(7~8명)를 더욱 축소한 것으로, 집단영농제에서 가족영농제 혹은 개인영농제로 이행하는 전 단계로 해석될 수 있다(가족 또는 친척 등의 최소 생산 단위로 구성함으로써 기존의 집단농업 체제가 상당히 완화되었다). 하지만 농기 자재와 농약, 비료 등이 원활하게 제공되지 못하는 상황에서 국가가 추가적으로 군량미나 수도미 명목으로 징수하는 경우가 빈번하기 때문에 초과 목표를 달성하기는 쉽지 않은 상황이다. 따라서 처음 의도한 대로 생산성의 비약적인 발전은 아직 이루어지지 않고 있다.

공업 부문에 대한 조치는 6·28 방침 약 5개월 후인 2012년 12월 12·1 조치를 통해 이루어졌다. 이 조치는 중국이 개혁개방 초기에 실시했던 방권양리放權讓利*와 비슷한데, 기업의 경영 권한을 현장에 대폭 위임하여 계획 수립에서부터 생산 그리고 생산품 및 수익 처분에 대해서까지 자체 결정하게 함으로써 기업 경영의 자율권과 인센티브를 대폭 확대했다. 특히 국가 계획에 의해 품목을 지시받는 기존 방식에서 탈피해 새로운 제품, 품종에 대해 기업 스스로 생산, 판매를 결정할 수 있게 했다. 그에 따라 각 기업은 스스로 원자재를 확보해 물품을 생산할 수 있고, 생산자와 수요자 사이의 합의에 의한 시장가격을 적용할 수 있다.

특히 공업 부문 생산관리에서 지배인의 자율성 확대 조치는 김정은 시대의 가장 주목할 만한 사안이라고 할 수 있다. 김정은은 2014년 '현실 발전의 요구에 맞게 우리식 경제관리 방법을 확립할 데 대하여'라는 제목의 5·30 담화에서 경영의 자율권 확대를 위해 공장 당위원회보다 지배인이 생산관리를 책임지도록 하는 사회주의 기업책임관리제를 공식화했다. 또한 2016년 7차 당대회에서는 경제 강국 건설을 위한 두 가지 방도로 내각책임제와 함께 사회주의 기업책임관리제를 제시했다. 한편 2019년 4월에 개정된 사회주의헌법에 사회주의 기업책임관리제가 포함되면서 지난 헌법까지 유지되었던 대안의 사업체계는 삭제되었다.

앞에서 밝혔듯이 대안의 사업체계는 김일성 시대인 1961년부터 시행된 북한 고유의 생산관리 방법이다. 독재 유지와 강화에 매우 핵심적인 역할을 해왔기 때문에 이로 인한 생산성 악화로 대량 아사까지 야기한 경제 위기 상황에서도 유지되어온 경제정

---

* '권한을 넘겨주고 이익을 양보한다'는 뜻으로 중앙의 권력을 지방과 기업에 위임하는 분권화 정책을 말한다.

책이었다. 따라서 대안의 사업체계를 공식적으로 폐기했다는 것은 김정은 시대의 북한이 더 이상 경제를 정치에 종속시키지 않을 것이라는, 즉 경제성장을 정책의 최우선순위에 놓은 것이라고 해석할 수 있다.

　북한 정부가 추진해온 시장화 속도를 체제 전환을 경험한 다른 사회주의국가들과 비교해보면 북한의 시장화 진전은 상당히 빠른 편에 속한다. 예컨대 곽인옥·임을출(2016)에 따르면 평양의 경우 가계소득에서 차지하는 비공식 경제의 비중이 80% 이상으로 절대적이며, 박형중(2015)은 오늘날 북한의 경제정책 제도화 수준이 1980년대의 중국과 거의 흡사하다고 주장한다. 심지어 김재효(2016)는 현재 북한의 시장화 상황이 1990년대 초의 동유럽 체제 전환기와 유사하다고 말한다.

새로운 동의기제로서의 경제성장 ＿＿＿

앞에서도 살펴보았듯이 과거 북한에서의 동의기제는 주체사상이라는 지배 이데올로기와 조선노동당의 과대 성장을 통해 구체화되었다. 특히 1967년의 5·25 교시 이후 북한판 문화혁명이라고 할 수 있는 도서정리사업을 통해 주체사상을 '유일사상'으로 받들면서 다른 사상은 자취를 감추었다. 마르크스나 레닌이 쓴 글조차 당의 허락을 맡고 도서관에서 열람해야 했다. 현실사회주의에서 (공산)당은 사회정치단체 등을 매개로 사회 구성원들에게 지배 이데올로기를 주입하고, 전 사회가 하나의 이데올로기적 통일성에 의해 구성, 조직, 유지되도록 하는 데 핵심 역할을 한다. 그에 비해 북한에서는 당이 생활총화, 생산과정에 대한 직접적 간섭 등을 통해 주민들의 삶에 보다 깊이 뿌리내렸고, 그 과정에서 다른 사회주의국가에 비해 과대 성장했다.

'당의 유일사상 체계'라고 특징지을 수 있는 북한의 이러한 동의에 의한 지배는 1990년대 경제 위기로 무너지기 시작했다. 북한 사회는 대량 아사에 직면하여 스스로 생존의 길을 모색했고, 그 결과 시장화가 급진전되었다. 그로 인해 국가와 사회관계를 결정짓는 가장 중요한 요소 중 하나인 국가로부터의 경제적 자율성·독립성 정도가 급격히 높아지면서 사고, 팔고, 여행하고, 모이는 '사실상의' 사적 자유가 생겨났고 확대되었다. 그에 따라 개인에 대한 당의 통제 수준이 저하되었다. 이에 국가는 동의-강제 기제의 조정을 시도하면서 경제 위기가 정권의 붕괴로 이어지는 것을 막기 위해 보다 엄격해진 형벌 제도, 심화조 사건 등의 숙청, 그리고 선군정치의 실시 등을 통해 강제에 의한 지배를 확대했다.

강제에 의한 지배는 장기적으로 안정적인 지배를 이끌어내지 못한다. 그렇기에 동의기제의 복원이 필요하지만 과거식의 동의기제를 작동하기 위해서는 시장 억압이 필요하다. 북한 주민들이 시장 활동에 참여하느라 당 활동에 참석하지 못해 당의 유일사상 체계 확립을 위한 교육이 크게 제약을 받았기 때문이다. 하지만 현재 북한 상황을 보면 일반 주민들뿐만 아니라 권력자들을 위해서도 시장은 반드시 필요하다. 그렇기에 시장 억압은 선택지가 될 수 없다. 즉 시장화와 당의 유일사상 체계 확립을 통한 동의에 의한 지배는 상충한다.

경제 위기를 기점으로 주체사상이 더 이상 북한 주민들에게 과거와 같은 설득력을 얻지 못하는 상황에서 북한은 사상이 앞서는 형태가 아닌 당-국가 체제의 복원을 통해 제도에 기반한 통치를 시도하고 있다. 당의 지상과제였던 '온 사회의 주체사상화' 대신 통치 체계의 정교화를 시도하면서 당-국가 체제의 복원을 위한 여러 정책 결정이 이루어지고 있는 것이다. 북한은 새로운 체제를 '당의 유일적 영도 체계'라고 부르고 있다. 그에 따라 '당의 유일사상 체계 확립을 위한 10대 원칙' 역시 2013년 '당의 유일적 영도 체계 확립을 위한 10대 원칙'으로 바꾸면서 시스템에 의한 통치 체제를 모색하고 있다. 실제로 김정은 시대의 북한에서 주체사상은 점점 그 사용 빈도가 줄어들고 있으며, 김정은이 내세운 '인민대중제일주의' 등으로 대체하고 있다.

김정은 시대의 북한은 앞에서 설명한 여러 경제정책, 김정은의 연설 내용 등으로 미루어보아 사상보다 경제적 성과를 핵심 동의 기제로 선택한 것처럼 보인다. 즉 이데올로기의 자리를 경제성장으로 채우려는 것이다. 이제 관건은 경제적 성과라고 할 수 있다. 만약 경제적 성과가 미흡하다면 이전으로 돌아가 조정된 또는 보완된 이데올로기를 동의기제로 삼으려고 애쓸 것이다. 그러나 경제적 성과가 뚜렷하다면 이데올로기는 (현재 북한의 모습에서 보듯이) 점점 더 전면에 나서지 못할 가능성이 크다. 중국에서 마오쩌둥 사상이 없어지지는 않았지만 크게 강조되지 않듯이 말이다. 즉 현재의 북한은 사회의 탈이념화가 가속화되면서 실용주의적으로 바뀔 수 있는 분수령에 와 있다고 할 수 있다.

북한을 바라보는 시각 변화 _____

북한과의 핵 협상을 북한의 개혁개방을 가속화하는 수단으로 삼아 핵 보유의 기회비용을 높여야 한다는 주장은 핵 협상이 타결되어 대북 경제제재가 해제 또는 상당한 정도로 완화될 경우 북한이 본격적으로 개혁개방에 나설 것이라는 가설에 기반한다. 이에 대해 필자는 북한의 경제개혁은 불가피하며, 실제 김정은 시대의 북한에서 개혁적 경제정책들이 꾸준하게 실행되고 있음을 그 근거로 제시했다. 또한 새로운 동의기제로서 경제성장이 성공적으로 이루어진다면 북한 역시 탈이념적이고 보다 실용주의적인 사회로 변모할 수 있다고 주장한다. 그리고 이는 남북경협의 수준을 끌어올릴 수 있는 환경을 만듦으로써 실현 가능성을 높일 수 있다. 이러한 변화는 또한 북한의 비핵화를 넘어, 한반도의 평화와 공동 번영의 기초가 될 수 있다.

사실 전쟁이라는 선택지를 고려하지 않고 북한의 비핵화를 이루고자 한다면 북한을 적으로 인식하는 대신 평화와 공동 번영의 동반자로 인식하는 한에서만 가능하다. 물론 과거 수차례에 걸쳐 국제적 합의를 위반하고 대량살상무기인 핵·미사일을 보유하고 있는 북한을 적이 아닌 동반자로 인식하기는 쉽지 않다. 그러나 군사력과 경제적 압박을 통해서도 한반도의 비핵화가 실현되지 못하고 있는 현실을 고려하면 충분한 정도의 군사적 대비가 이루어진다는 전제하에 '평화적 수단'이 그 대안이 될 수 있다. 그리고 이를 위해서는 북한을 바라보는 시각을 바꿔야 한다.

한반도의 진정한 봄은 북한을 적이 아닌 평화와 공동 번영, 나아가 통일을 함께 이룰 수 있는 파트너로 인식할 때에만 가능하다. 그리고 이러한 인식은 강요에 의해서가 아닌 북한과의 오랜 협력을 통해 평화와 공동 번영이 일상화될 때 자연스레 찾아올 수 있다. 이를 위해 정상회담을 포함한 남북 대화나 문화·예술·스포츠 분야 등의 교류가 도움이 될 수 있지만 무엇보다 중요한 것은 북한이 한국의 경제발전에 도움을 주는 경제 파트너로서 자리를 잡는 것이다. 다음 장에서는 한국의 경제발전과 남북경협을 연계할 수 있는 방안에 대해 좀 더 심도 있게 살펴보자.

11장

남북경협과 한국의 경제발전을
연계할 수 있는
방안은 무엇일까?

기존의 남북경협은 시장성보다는 한민족의 협력이라는 당위성이 강조되면서 정부가 남북경협 전반에 깊숙이 개입했고, 그만큼 민간의 자율성은 크게 제약될 수밖에 없었다. 북한 역시 남한과의 경제교류가 북한 체제를 위태롭게 하지는 않을까 우려하여 매우 조심스러운 태도를 취하면서 '모기장 정책'에 입각해 남북경협에 참여하는 경제주체를 소수에 한정했다. 지역도 평양, 남포 및 그 근방이나 금강산, 개성 등 접경지역 위주로 제한했다. 그 결과 남북경협의 효율성과 파급효과는 매우 제한적이었다.

필자는 상대적으로 잘 알려진 이런 문제들에 더해 기존의 남북경협이 상당 부분 국민의 세금으로 추진되었음에도 실제 한국 경제에 끼친 영향은 미미했음에 주목한다. 예컨대 남북경협이 가장 활발하게 이루어졌던 2006년에도 북한의 대외무역에서 남북경협이 차지한 비중은 약 31%였던 반면, 한국은 약 0.0002%에 불과했다. 또한 위탁가공교역과 개성공단 등의 협력 사업에 참여한 한국 기업의 수가 워낙 적었기 때문에 남북경협을 통해 수익이 어느 정도 발생했다고 해도 그 수혜자는 극히 한정적이었다.

앞서도 이야기했듯 남북경협을 통해 북한은 물론 한국 역시 부유한 나라로 만들고, 이를 매개로 통일을 앞당기고자 하는 바람은 분단 이후 수십 년 동안 계속되어온 많은 이들의 꿈이었다. 그러나 1998년 이후 남북경협이 본격화된 상황이 되었어도 현실은 기대치에 한참 미치지 못했다. 1980년대 이래로 심화된 남북한 산업구조의 차이, 경제발전 단계의 격차 등으로 한국이 북한과의 경제협력으로 얻을 수 있는 경제적 이익이 기대보다 훨씬 적었기 때문이다. 이는 일반 국민에게 남북경협은 상호호혜적인 거래가 아니라 북한에 대한 일방적인 시혜라는 인식을 심어주었다. 특히 보수 지지층을 중심으로 남북경협에 대한 부정적인 평가가 확산되었다.

남북경협과 관련한 현재의 논의와 연구의 문제점 중 하나는 무엇보다 새롭지 않다는 점에 있다. 즉 주변 환경의 급변에도 불구하고 2000년대 초반의 프레임과 내용에서 좀처럼 벗어나지 못하고 있는 것이다. 이에 대해 필자는 새로운 대안을 모색하고자 하는 일환으로 정보통신기술을 활용한 유기적인 연계를 통해 남북한 모두의 경제발전을 도모하는 새로운 남북경협 사업을 하나의 유용한 방안으로 제시하고자 한다. 구체적으로 이 글에서는 시장의 장점을 최대한 활용하고, 북한 내 시장 기반 남북경협의 파급효과를 극대화하며, 한국 내 혁신 기반innovation-based 경제성장과 남북경협을 유기적으로 연결하기 위한 방안으로 B2BBusiness-to-Business 플랫폼을 매개로 하는 남북경협 사업을 제시한다.

B2B 플랫폼을 통한 남북경협 _____

B2B 플랫폼을 기반으로 하는 상거래는 기업과 기업이 거래 주체가 되어 하나의 플랫폼에 다수의 판매자와 구매자가 접속하여 거래하는 방식이다. 가장 잘 알려진 알리바바의 B2B 플랫폼으로 예를 들어보자. 한국의 한 기업이 한국과 해외 시장에 판매할 무선 이어폰을 만들어줄 중국 제조업체를 찾을 경우 알리바바의 검색창(www.alibaba.com)에 'Wireless Earphones'를 입력하면 된다. 필자가 검색해본 결과 2022년 2월 2일 기준으로 111,472개의 제품이 검색되었다. 이제 여기에서 마음에 드는 제품과 가격을 확인한 후 이미지를 클릭하면 제품과 해당 업체에 대한 보다 상세한 정보를 확인할 수 있다. 계약하려는 업체가 있다면 제공된 연락처로 연락하고, 이후 해당 계약을 진행하면 된다. 보통은 여러 업체에 연락하면서 각각의 조건을 비교·검토한 후 한 업체를 선택한다.

이제 가칭 '남북B2B플랫폼회사'라는 플랫폼이 있다고 가정해보자. 이곳 역시 검색을 통해 남북한에 산재해 있는 사업 파트너를 찾을 수 있게 정보를 제공한다. 예를 들어 한국의 기존 기업이나 새롭게 사업을 시작하려는 개인이 한국과 해외 시장에 판매하기 위해 자신만의 고유한 디자인이 들어간 가방을 만들어줄 북한 제조업체를 찾는다고 해보자. B2B 플랫폼에서 간단한 검색만으로도 쉽게 사업 파트너를 찾을 수 있다. 즉 해당 플랫폼에 북한 업체들이 올려놓은 정보들을 확인한 후 적합한 업체가 보이면 해당 업체에 연락해 계약을 진행할 수 있다. 북한 기업과 개인 역시 마찬가지로 B2B 플랫폼이 제공하는 정보를 바탕으로 한국 기업과 연락하여 파트너십을 맺을 수 있다. 예컨대 한 북한 기업이 다년간의 위탁가공 경험으로 가방을 잘 제작할 수 있는 경우, B2B 플랫폼에 등록된 한국의 가방 판매 업체에 연락하여 합영·합작을 타진할 수 있다.

B2B 플랫폼을 통한 기업 간 연결이 알리바바에 의해 처음 시도된 것은 아니다. 그럼에도 알리바바가 전례 없는 성공을 거둔 이유 중 하나는 무엇보다 중국과 다른 나라의 생산단가 차이가 컸기 때문이다. 중국의 값싼 생산비, 그에 따른 낮은 생산단가는 세계 각국에서 너도나도 알리바바를 매개로 중국의 생산시설에 접촉하여 자신의 사업 아이디어를 현실화하는 것을 가능하도록 했다. 또한 알리바바의 B2B 플랫폼은 중국뿐만 아니라 세계적 차원에서 좀 더 용이하게 사업을 할 수 있게 해주었다. 세계 각지의 소규모 기업과 개인이 알리바바를 적극적으로 활용함으로써 적은 자본금으로도 사업을 시작할 수 있었고, 높은 마진율 덕분에

더 많은 이익을 거둘 수 있었다.

한국에서도 알리바바와 같은 B2B 플랫폼을 통해 창업을 활성화하려는 시도가 있었다. 하지만 등록된 국내 생산업체가 충분한 판매 마진율을 담보할 만큼 낮은 생산단가를 제공할 수 없었기 때문에 플랫폼이 활성화되지 못했다. 예컨대 국내 사업(희망)자가 기존과는 다른 부가가치가 있는 새로운 제품 아이디어를 가지고 있고 이를 구현해줄 생산업체를 B2B 플랫폼을 통해 찾으려 해도 생산업체들이 모두 (경쟁력 있다고 판단되는 가격에 비해) 높은 생산단가를 제시한다면 해당 사업에 뛰어들기 어렵다. 즉 B2B 시장의 활성화, 그리고 이를 통한 '창업의 일상화'는 생산단가가 주요 관건이 된다. 이러한 이유로 생산비가 중국이나 동남아시아 국가들에 비해 저렴하지 않은 한국에서는 B2B 시장의 활성화가 용이하지 않다.

북한의 제조업체들과 B2B 플랫폼을 매개로 파트너십이 맺어질 경우 한국 업체들은 낮은 생산단가를 제공받을 수 있다. 이를 통해 좋은 아이디어를 가진 기업과 개인은 손쉽게 아이디어를 현실화하여 수익을 창출할 수 있다. 남북경협은 선택받은 소수만이 참여하는 사업이고, 일반인이 뛰어들기에는 문턱이 너무 높다는 현재의 '상식'을 바꿀 수 있는 것이다.

북한의 B2B 생태계 _____

B2B 플랫폼을 통한 남북경협이 활성화되기 위해서는 플랫폼을

통한 거래만이 아니라 여러 분야의 인프라가 하나의 B2B 생태계로 구축되어야 한다. 물론 대북 제재의 완화 및 해제 이후 남북경협과 외국의 대북 투자가 활성화되고 일정 정도의 시간이 지나면 북한의 관련 인프라는 제대로 구축될 것이다. 하지만 우리는 무작정 그것을 기다리기보다 북한의 제반 상황을 최대한 활용하면서 이를 B2B 생태계로 만들어나갈 필요가 있다. 이에 대해 B2B 생태계의 핵심이라고 할 수 있는 (참여)기업, 물류, 결제 그리고 통신망을 예로 들어 살펴보자.

기업: 돈주가 주도하는 시장 기반 창업의 활성화

현재 북한에서는 시장화의 급진전으로 이전에는 볼 수 없었던 새로운 시장 기반의 경제활동이 확산되고 있다. 특히 '돈주'라고 불리는 개인 자본가는 대부업뿐 아니라 국가 소유의 시설을 빌리고 직접 인력을 고용하여 물품을 만드는 등 다양한 영역에서 기존의 북한에서는 볼 수 없었던 시장 기반의 경제활동을 이끌고 있다. 2015년 북한이탈주민을 대상으로 한 설문조사에 따르면, 식당의 약 65%, 상점의 약 57%, 지방 산업 공장의 약 26%, 그리고 중앙 공업 공장의 약 21%를 돈주가 운영하고 있는 것으로 나타났다. 돈주가 북한 경제에서 차지하는 비중은 김정은 위원장 집권 시기에 이르러 보다 높아졌다. 평양의 여명거리, 창전거리, 은하과학자거리, 위성과학자주택지구, 미래과학자거리 등도 돈주들이 국가기관의 명의를 빌려 투자하고, 중국에서 신속하게 건축자재를

11-1 평양 미래과학자거리(연합뉴스, 2016).

조달하여 이른 시일 내에 완공했다고 알려져 있다.

B2B 플랫폼을 통한 남북경협이 시작되면 북한 내 고위 관리들이 직간접적으로 운영하는 기업들이 먼저 관심을 보일 것이다. 하지만 이들의 수는 많지 않기 때문에 북한 전역을 기준으로 했을 때는 파급효과가 그리 크지 않을 것이다. 관건은 돈주들이다. 사업이 시작되면 돈주들이 적극적으로 남북경협에 나설 것으로 예상된다. 한국 기업과 공동으로 사업을 추진하면 국가에 일정 이

익금을 내더라도 챙길 수 있는 이익 규모가 상당할 것이기 때문이다. 평양 시내 아파트 단지 건설에서 보인 돈주들의 역할을 감안하면, 돈이 되는 사업에 대한 관심, 열정, 그리고 무엇보다 해당 사업을 완수하는 능력이 여느 자본주의국가의 기업가와 크게 다르지 않다. 예컨대 돈주들은 기존의 북한 기업을 활용하는 방식을 넘어 수익 가능성을 보고 새로 기업을 만들 수도 있다. 이들은 지금까지 닦아놓은 고위층과의 연줄과 사업 경험을 바탕으로 B2B 플랫폼을 통한 남북경협을 북한의 경제 시스템에 안정적으로 정착시키는 데 중요한 역할을 할 것이다.

이미 북한에서도 온라인 경제활동은 낯설지 않다. 예컨대 북한에서도 (인트라넷 기반의) 온라인 쇼핑몰이 빠르게 확산되고 있다. 현재 북한 주민들은 '만물상' '내나라' '옥류' 등의 온라인 쇼핑몰에서 컴퓨터와 스마트폰을 활용해 신발, 화장품, 식품, 의약품 등을 국가 중앙은행이 발행한 전자 결제 카드를 통해 구매하고 있다. 판매업체에 상품에 대한 문의를 남길 수도 있으며, 판매업체들 사이의 가격 경쟁 또한 활발하다. 이 같은 상황에서 북한 당국의 주도하에 온라인 플랫폼을 활용한 남북경협이 시작되면 돈주들은 관련 사업에 너도나도 뛰어들 것으로 예측된다. 남북경협에 참여하는 북한 기업의 수와 사업 규모가 증가하는 것은 북한 내 시장 확대와 궤를 같이하기 때문에, 돈주들의 남북경협 참여 정도는 향후 북한 시장경제 발전의 관건이 될 것이다.

한편 B2B 플랫폼을 매개로 하는 남북경협이 활성화되면 플랫폼을 통해 직접 한국 기업과 파트너십을 맺은 북한 사업체들 주변으로 많은 새로운 업체들이 만들어지고 몰려들 것이다. 한국 기업과 계약한 북한 기업에 제품과 서비스를 공급하는 하청업체가 여럿 생겨날 것이고, 필요 시 하청업체의 하청업체가 설립되어 해당 북한 업체에 제품과 서비스를 공급할 수도 있다. B2B 플랫폼을 매개로 하는 남북경협이 발전할수록 이러한 하청업체는 북한 곳곳에 생겨날 것이고, '북한판 향진기업'*으로 성장할 가능성이 크다. 이러한 방식의 시장 기반 생산활동의 증진은 북한의 시장경제 발전 속도를 빠르게 확대하고 촉진할 것이다.

물류: 서비차와 휴대전화의 활용

B2B 플랫폼을 통한 남북경협을 위해 장기적으로 북한의 항만·공항 시설 및 도로·철도의 현대화, 남과 북의 접경지역을 도로·철도로 잇는 프로젝트의 완성 등이 필요하다. 하지만 단기적으로는 지금 북한의 운송·물류 인프라의 적극적인 활용이 요구된다. 특히 B2B 플랫폼을 매개로 하는 남북경협은 북한의 해안선이나 남북한 접경지역과 멀리 떨어진 내륙 지역 기업들과의 협력 역시

---

* 향진기업鄕鎭企業은 덩샤오핑의 개혁개방 정책에 따라 1978년부터 운영된 소규모 농촌 기업을 말한다. 향진기업은 도시에 있는 기업들과 상품 공급 계약을 맺고 농산물을 공급하는 것에서 시작하여 곧 저임금 경쟁력을 바탕으로 농업 이외의 부문인 신발, 피혁, 완구, 섬유 등 경공업에 진출하여 비약적으로 성장했다. 그 결과 1978년 493억 위안에 불과했던 총생산액이 2003년에는 무려 15조 2,361억 위안에 이르렀다(박철현, 2019).

중요하기 때문에 북한 전 지역의 운송 및 물류 인프라 현황을 살펴볼 필요가 있다.

이와 관련하여 특히 북한판 운송·물류 혁명을 가져온 '서비차'가 주목된다. 서비스와 차의 합성어인 '서비차servi-cha'는 돈을 받고 버스, 화물차, 군용차, 오토바이, 택시 등을 이용해 물건을 운반해주는 서비스이다. 서비차는 1990년대 중반부터 등장했다. 하지만 초기에는 발전이 매우 더디다가 2000년대 중반 이후 휴대전화의 보급이 본격화되면서 시장이 급격히 확대되었다(현재 북한의 휴대전화 가입자는 500만 명을 웃도는 것으로 알려져 있다). 과거 에너지난으로 제시간에 운행되지 못하는 기차를 타고 직접 장마당을 돌아다니던 보따리상에 기대었던 북한의 상업은 이제 자취를 감추었다. 휴대전화로 주문하고, 편하게 물건을 보내고 받을 수 있는 새로운 운송·물류 서비스를 통해 상업이 급격히 발달하고 있다. 현재 서비차는 북한 전역에 걸쳐 활발히 운행되고 있으며, 그 결과 운송 요금도 사실상 정가제로 운용되고 있다. 예컨대 양강도 혜산*에서 서비차를 이용하면 함흥까지는 120달러, 원산까지는 150달러, 평양까지는 300달러를 지불하면 된다.

B2B 플랫폼을 통한 남북경협이 활성화되면 다음의 경우들이 발생하기 때문에 북한 내 운송 및 물류 서비스의 수요는 폭발적으로 증가할 전망이다.

---

* 옛 함경도·압록강 유역의 중국 접경 도시.

1) 한국 업체가 소재·부품·장비 등을 북한 업체에 공급해야 하는 경우.

2) 한국 업체와 합영·합작에 나서는 북한 업체가 요구받은 작업을 수행하기 위해 다른 북한 업체로부터 물품 및 서비스를 공급받는 경우.

3) 북한 업체가 완성한 제품을 한국 업체에 전달하기 위해 지정된 항만이나 국경선 인근으로 운송해야 하는 경우.

남북B2B플랫폼회사는 북한의 인프라가 완전히 구축되기 전까지 따로 운송·물류 업체를 만드는 것이 아니라, 북한 각지에 퍼져 있는 서비차 업체들을 연결하거나 제휴를 맺음으로써 운송 및 물류 수요를 소화할 수 있다. 이때 효율적인 운송 및 물류 서비스를 위해 1)필요한 빅데이터를 구축한 뒤 이를 기반으로 소요 시간과 비용 등을 분석하고, 2)남북경협에 참여하는 북한의 기업과 개인에게 최적의 서비차 업체를 배치하며, 3)담당 서비차 업체에도 관련 서비스를 최대한 그리고 신속하게 제공해야 한다. 현재도 돈주들은 시간과 연료를 아끼기 위해 목적지까지의 최단 시간 루트를 찾아 휴대전화로 운전자에게 관련 정보를 제공하고 있다. 하지만 향후 한국의 자본과 기술이 투입되고 축적되는 빅데이터를 활용하면 시간과 연료를 획기적으로 절감할 수 있다.

결제: 안전한 결제와 품질관리의 결합

B2B 플랫폼을 매개로 하는 남북경협에 참여하는 한국과 북한 기업들 사이의 결제 시스템을 만들 때, 우선 다른 결제 시스템과 마찬가지로 안정성이 중요하다. 남북B2B플랫폼회사가 자체적으로 안정성이 보장된 결제 시스템을 구축하기 어려울 경우에는 우수한 기술을 보유한 국내 결제업체에 의뢰하면 해결될 문제다.

안정성과 함께 또 하나 유의할 사항은 사기 방지 및 품질관리와 유기적으로 결합하는 것이다. 이를 위해 보통 B2C[Business-To-Consumer]나 C2C[Consumer-To-Consumer]에 활용되는 에스크로[escrow] 방식을 적용해볼 수 있다. 예컨대 한국 구매자가 미리 대금 결제를 하면 남북B2B플랫폼회사 또는 지정된 제삼자가 일정 기간 보관하고 있다가, 한국 구매자가 북한 제조업체가 보낸 제품의 이상 유무를 확인하고 나서 품질에 만족하면 북한 제조업체 계좌로 결제 대금을 입금하는 방식이다. 단, 적어도 초기에는 설사 한국 구매자가 제품 품질에 만족하지 못하는 경우가 있더라도 무조건 환불을 허용하는 방식이 아니라, 남북B2B플랫폼회사 또는 지정된 제삼자가 제품 상태를 확인한 후 이를 인정하는 경우에만 환불해주는 방식이 보다 바람직하다. 지정된 제삼자는 남북 동수로 구성된 위원회를 생각해볼 수 있다. 여기에는 북한의 당과 내각에서 파견된 전문 인력들이 포함될 수 있다.

한편 알리바바가 B2B 플랫폼에 축적되는 데이터를 기반으로 신용도가 높으면 여러 혜택을 주는 것과 마찬가지로 남북경협

B2B 플랫폼에도 남북한 기업에 대한 평가지수를 빅데이터로 축적할 수 있다. 예컨대 품질관리가 잘 이루어져 한국 기업으로부터 좋은 평가를 받은 북한 기업에게는 가산점을 부여하고 이를 해당 기업 인터넷/인트라넷 페이지에 홍보할 수 있도록 하여 남북경협 참여 기회를 확대해준다. 반면 품질관리 수준이 낮거나 어떤 식으로든 사기를 친 이력이 있어서 한국 기업으로부터 낮은 평가를 받은 북한 기업에는 감점을 주고, 한도를 초과할 경우 남북경협에서 퇴출시킨다. 마찬가지로 북한 기업들로부터 좋은 평가를 받은 한국 기업에도 역시 가산점을 부여하고 이를 해당 기업이 홍보할 수 있는 기회를 준다. 이와 같은 방식을 통해 사기 방지와 품질관리 문제를 어느 정도 해결하면서 우수 기업에 혜택을 줄 수 있다.

통신망: 북한 인트라넷 및 인터넷의 단계별 활용

유엔의 엄격한 대북 경제제재로 인해 지금은 북한 기업과 외국 기업 간의 어떠한 합영·합작 사업도 금지되어 있다. 하지만 현재 상황에서도 남북B2B플랫폼회사의 설립, 데이터 관리 플랫폼의 구축 등을 포함한 예비 단계의 여러 조치들은 실행에 옮길 수 있다. 또한 북한과 해당 내용을 공유하면서 사업 설계를 보다 구체화할 수 있으며, 북한 관리와 엔지니어들에게 관련 교육 등을 미리 실행할 수 있다.

향후 대북 경제제재가 어느 정도 해제되어 북한 기업과 외국 기업 간의 합영·합작 사업이 허용될 경우 B2B 플랫폼을 매개로 하는 남북경협을 본격적으로 추진할 수 있는데, 이를 크게 두 단계, 즉 이중 플랫폼 단계와 단일 플랫폼 단계로 나눠볼 수 있다.

1단계 한국은 인터넷, 북한은 인트라넷으로 연결되는 이중 플랫폼 단계. 이중 플랫폼 단계는 북한 당국의 검열 정도가 상당히 높다는 점을 고려한 것이다. 이 단계에서 북한 기업은 전국적 규모로 사용하는 인트라넷에 관련 정보를 올리고, 한국 기업은 남북B2B플랫폼회사가 만든 인터넷 사이트에 정보를 올리면 회사가 이를 북한 인트라넷에 옮기는 방식을 생각해볼 수 있다. 북한의 대표적인 전국적 규모의 인트라넷으로는 조선콤퓨터쎈터의 내나라정보쎈터가 운영 중인 '광명망'이 있다. 새로운 프로젝트를 위한 인트라넷으로 이 광명망을 생각해볼 수도 있다. 하지만 보다 바람직한 활용은 따로 인트라넷을 만들어 북한 기업과 사전에 등록된 한국 기업이 정보를 올리고 확인하는 것이다. 북한 당국이 해당 인트라넷의 설계와 관리에 참여하면 큰 무리 없이 운용될 수 있을 것이다.

2단계 한국과 북한 모두 인터넷으로 연결되는 단일 플랫폼 단계. 단일 플랫폼 단계는 북한 기업이 정해진 양식에 맞춰 인터넷 기반의 B2B 플랫폼에 관련 정보를 올리고 북한 당국은 이를 사후 확인하는 방식으로 관리하는 단계이다. 남북경협이 본격화되는 진정한 의미의 B2B 플랫폼 단계라고 할 수 있는데, 외부의 간섭 없이 클릭 몇 번, 키보드 몇 번 두드리는 것으로 원하는 정보를 확인하고 곧바로 해당 업체와 협상 및 거래를 진행할 수 있기 때문이다. 하지만 이 단계에서도 역시 북한 당국과 긴밀히 협력하여 관련 정보를 관리할 필요가 있다. 북한 입장에서는 사업이 통제 가능한 범위 내에서 작동하도록 하는 것이 관건이기 때문에 남북경협의 순조로운 운용을 위해서라도 플랫폼 구축에서부터 거래 종료까지 모든 영역에서 북한 측과 긴밀히 협조해야 한다. 모든 과정이 안정성과 신뢰성을 바탕으로 진행된다면 남북 모두 원원하는 상황이 가능할 것이다.

B2B 플랫폼을 매개로 한 남북경협의 의의 _____

북한에서의 시장경제 발전은 비핵화를 포함한 한반도 평화, 나아가 통일을 위한 대비 차원에서도 매우 중요하다. 북한이 시장경제 발전을 통해 경제적으로 번영하게 되면 핵무기를 계속 보유하는 것의 기회비용이 너무 커지기 때문에 핵은 오히려 북한에 큰 부담이 된다. 한국이 핵무기를 가지지 않는 이유도 얻는 것보다 잃는 것이 훨씬 크기 때문이다. 북한 역시 같은 맥락으로 높은 수준의 경제성장으로 체제의 대내외적 안정성이 담보되면 핵에 더 이상 집착하지 않을 것이다. 통일 대비 차원에서도 북한의 시장경제 발전이 중요하다. 독일 통일 이후 한국 국민들이 통일에 대해 가장 우려하는 일이라면 비싼 통일 비용과 남북한의 경제력 격차에 기인한 사회 혼란이라고 할 수 있다. 통일 단계에서 북한의 경제 발전 수준이 예컨대 중진 산업국 정도가 되어 있다면 통일 이후 북한 지역에 국민의 세금을 쏟아부을 필요가 없다.

현 시기 북한에서 시장경제가 보다 높은 단계로 발전하기 위해서는 무엇보다 산업자본가의 육성이 필요하다. 이전의 개성공단 사업처럼 북한의 저렴한 노동력을 활용하는 방식은 북한의 산업자본 및 산업자본가 육성에는 별 도움이 되지 않기 때문에 북한의 시장경제 발전에 크게 기여하지 못한다. 남북경협을 통해 북한에 돈을 직접적으로 주는 방식이 아닌, 돈 벌 능력을 갖춘 이들을 키워내는 방식으로 바뀌어나가야 할 것이다. B2B 플랫폼을 매개로 하는 남북경협은 해당 사업에 관여하는 돈주들을 산업자본가로 성장시킴으로써 북한에서의 시장경제가 보다 높은 단계로 발전하는 데 크게 이바지할 수 있다.

한편 남북 경제협력은 북한 경제뿐만 아니라 한국 경제에도 의미 있는 기여를 해야 한다. 이를 위해서는 무엇보다 새로운 남북경협 사업이 현재 한국의 저성장 기조를 바꿀 수 있도록 기존 경제성장 방식의 전환을 추동 또는 조력하는 방안이어야 한다. 현재 한국을 포함한 자본주의국가가 지향해야 할 경제성장 방식 중 하나는 '창업이 일상화되는' 혁신 기반 경제성장이다. 혁신 기반 경제성장 방식에서는 기업 규모가 관건이 될 수 없다. ICT(정보통신기술)의 발달로 굳이 대기업이 아니더라도 중소기업 혹은 개인이 국내외적으로 쉽게 판로를 확보할 수 있기 때문이다.

필자가 제시하는 B2B 플랫폼을 통한 남북경협은 (대기업뿐만 아니라) 중소기업과 개인이 북한 측 파트너와 함께 자신들의 사업 아이디어를 손쉽게 현실화할 수 있는 메커니즘을 구체화한 것이다. 한국의 경제구조를 바꾸는 과정이 지난하고 상당한 시간이 소요되는 상황에서 이 같은 방식의 남북경협을 매개 또는 추동력으로 삼는다면 그 과정을 가속화할 수 있다.

　한국 정부는 지난 수년간 경제발전과 함께 취업률을 높이기 위해 신재생에너지, 탄소저감 에너지, 첨단 그린도시·첨단 융합산업, 신소재-나노 융합 등의 신성장 분야 육성에 막대한 비용을 쏟아부었다. 하지만 정부가 다양한 정책 수단을 통해 이들 분야를 지원한다고 해도 늘어나는 일자리의 수는 제한적일 수밖에 없다. 일자리 창출에 보다 기여하는 것은 기존의 상품 및 서비스를 조금이라도 개선할 아이디어를 가진 사람들이 얼마나 용이하게 창업 또는 사업을 확장할 수 있느냐이며 이는 무엇보다 B2B 생태계가 얼마나 활성화되었는지가 관건이다. 카우프만재단Kauffman Foundation의 연구 결과에 따르면 1980년부터 2005년까지 미국에서 새롭게 창출된 4,000만 개의 일자리 가운데 3분의 2가 설립 5년 미만 기업에 의해서이다. B2B 플랫폼을 활용한 남북경협은 경협과 관련한 창업 및 사업의 확장 붐을 이끌어낼 수 있다는 점에서 경제성장과 결합된 취업률 제고에도 큰 도움이 될 수 있다.

추가 연구의 필요성 ＿＿＿＿

우리는 B2B 플랫폼을 활용해 남북의 산업구조 및 경제발전 단계의 차이를 경제협력을 촉진하는 수단으로 탈바꿈할 수 있다. 수십 년간 북한은 한국의 안보를 위협하는 행동으로 '코리아 디스카운트'를 야기하는, 한국 경제에 커다란 부담을 주는 존재였다. 하지만 ICT를 기반으로 하는 B2B 플랫폼을 남북경협에 효과적으로 활용한다면 한국 경제는 북한이라는 존재를 통해 오히려 경제성장의 도약을 현실화할 수 있다.

현재는 북한에 대한 경제제재로 남북경협을 당장 추진할 수 없는 것이 현실이다. 하지만 그렇다고 해서 남북경협에 관한 연구를 중단해서는 안 되며, 오히려 이럴 때일수록 향후 재개될 경협을 보다 체계적으로 준비할 기회로 삼아야 한다. 이러한 문제의식에 기반해 필자가 제시한 방식은 기존과 매우 다른 남북경협을 말하는 것이기에 분명 여러 한계가 있을 것이다. 무엇보다 실제 구현 가능할 것인가에 대한 의문이 제기될 수 있다. 그리고 그 핵심은 B2B 플랫폼이 매개하는 남북경협 사업을 북한 당국이 받아들일지이다. 필자가 생각하기에 이 문제를 타개할 관건은 관련 분야 연구자들이 북한 당국에 얼마나 논리적이고 설득력 있게 사업계획을 설명할 수 있느냐이다. 빈틈없이 잘 만들어진 사업 청사진과 계획서 등은 북한 당국에 B2B 플랫폼을 통한 남북경협 성공에 대한 믿음을 심어줄 수 있다. 아울러 이는 해당 사업의 실현 가능성을 높일 수 있을 뿐만 아니라 북한이 개혁개방에 확신을 가지고 이를 보다 적극적으로 추진하는 촉매가 될 수 있다. 게다가 북한의 개혁개방에 대한 진심 어린 열의는 북핵 문제 해결을 위한 주요 조건 중의 하나이기도 하다.

12장

무엇으로 남북의 공동 번영과
통일을 이룰 수 있을까?

현대 평화학의 창시자로 일컬어지는 노르웨이의 요한 갈퉁^{Johan} Galtun에 따르면 평화에는 소극적 평화와 적극적 평화가 있다. 물리적 폭력의 부재를 뜻하는 소극적 평화와, 구조적 폭력·문화적 폭력의 부재를 말하는 적극적 평화. 여기서 구조적 폭력이란 사회 내의 눈에 보이는 또는 눈에 보이지 않는 구조적 불평등이나 차별처럼 구조적으로 자행되는 폭력을 의미하며, 문화적 폭력은 물리적 폭력과 구조적 폭력을 정당화·합법화하는 데 사용되는 문화적 측면을 뜻한다. 갈퉁은 소극적 평화를 넘어선 적극적 평화의 추구를 제안하며, 특히 평화를 가로막는 특정 구조의 해소를 통한 적극적 평화의 추구를 촉구했다(Galtun, 2000).

한반도의 평화를 막는 국제적·국내적 구조로 분단을 들 수 있다. 한반도는 1945년 일본의 패망과 함께 일본군의 무장해제를 목적으로 남과 북으로 나뉘었다. 이후 한국전쟁으로 고착화된 분단은 시작뿐 아니라 지속 역시 냉전의 시작 및 본격화와 궤를 같이했다. 국제적인 냉전 구조가 한반도에 실행된 것이다. 또한 분단은 남북 내부에서 위정자들이 분단을 강화하면서 자신들의 정치경제적 이익을 극대화하고자 국내적으로 냉전 구조를 실현시킨 것이라고도 할 수 있다.

이를 염두에 두고 평화에 대한 갈퉁의 아이디어를 한반도 상황에 적용해보면 다음과 같은 문제 제기를 할 수 있다. 한반도의 분단구조를 어떻게 평화적인 방법으로 해소할 수 있을까?

분단구조와 역사적 블록 ＿＿＿＿＿

위의 질문에 답하기 위해 먼저 한반도의 분단구조를 밝히는 것이 관건인데 이를 위해 그람시의 역사적 블록을 적용해볼 수 있다. 역사적 블록은 한 사회의 정치경제 구조를 총체적으로 분석하기 위해 크게 두 가지 차원으로 나눠 구조를 분석한 것으로 경제 분석을 위한 하부구조(또는 토대)와 국가·시민사회·이데올로기로 구성된 상부구조로 이루어져 있다. 7장에서 살펴본 것처럼 그람시의 역사적 블록을 한국 사회에 적용하면 12-1의 그림과 같이 하부구조는 재벌 중심 경제구조, 상부구조는 발전국가 및 반공주의로 구성된다.

북한의 역사적 블록을 밝히기 위한 경제구조 분석을 위해서도

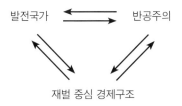

12-1 한국의 분단블록.

한국의 경우와 같이 생산과정에 대한 분석이 필요하다. 북한에
서는 1950년대 후반부터 소련식 포드주의—대량생산과 (배급제
에 기반한) 대량소비, 그리고 시장이 아닌 계획에 의존하기 때문에
미국식의 생산성 증가 메커니즘이 결여된—가 '자급자족적 소련
식 포드주의autarkist Soviet Fordism'로 변형되었다. 1956년 '8월 종파
사건' 이후 김일성 독재 강화를 위해 국내 정치에 대한 소련과 중
국의 간섭을 줄이고자 했고, 그에 따라 소련과 중국으로부터 들어
오는 지원 역시 급격히 줄어들면서 자급자족적 경제체제가 수립
된 것이다. 김일성은 대신 노동력 동원의 강화를 통해 이를 만회
하려고 했다. 농업에서의 '청산리 방법', 공업에서의 '대안의 사업
체계'라는 당 주도의 경제구조를 형성한 것이다.

　　12-2 그림에서 볼 수 있듯이 당 주도의 경제구조는 생산성보다
김일성 독재의 유지 및 강화를 우선하면서 경제가 정치에 종속되
게 했다. 이러한 토대 위에 수령국가와 주체사상이 수립되었다.
수령국가는 '스탈린주의 국가Stalinist state'*의 북한식 변용이라고

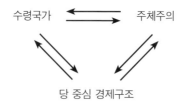

수령국가 ← → 주체주의

당 중심 경제구조

12-2 북한의 분단블록.

할 수 있다. 수령국가는 한국전쟁을 거치면서 김일성이 허가이 등 소련파를 숙청하고 당권을 장악한 뒤, 당이 본격적으로 김일성 독재를 유지·강화하면서 형성되었다. 한편 북한의 이데올로기는 김일성의 주체사상을 의미하며, 초기에는 주체를 강조하는 하나의 발전 전략으로 시작하였다가 이후 김일성의 사상을 뜻하는 '김일성주의'와 혼용되어 사용되었다.

남북한 분단블록의 위기 _____

한국의 경우 1998년의 경제 위기는 중국 등의 부상으로 한국 제품의 가격 경쟁력이 약화된 상황에서 발생한 수출 지향적 자본축적 체제의 위기로 국내 저임금 대량생산과 해외 대량소비의 연결고리가 약해져서 발생한 유기적 위기이다. 이에 한국 정부는 경제

---

* 스탈린주의 국가는 사회주의 당-국가 체제에서 당이 국가를 장악하고, 스탈린(최고 지도자)은 당을 장악함으로써 사회주의 독재 체제를 형성한다.

위기 해소를 위해 신자유주의 정책을 적극적으로 실시하면서 단기간에 위기를 극복하려고 했다. 그러나 이는 임시변통으로 고용 불안정, 빈부 격차의 심화, 자살률의 급증 등 많은 부작용을 발생시켰다. 현재 상황도 아직 유기적 위기가 지속되고 있다고 볼 수 있으며 이는 무엇보다 수출 지향적 자본축적을 대신할 대안적인 자본축적 전략이 부재한 것에 그 원인이 있다. 사실 수출 증가가 경제성장의 핵심이라는 것이 한국 사회의 '상식'인 상황에서 진보진영이건 보수진영이건 이를 대체할 만한 자본축적 체제를 생각해내지 못하고 있는 실정이다. 그와 함께 보다 많은 수출을 위한 한국 사회의 희생은 계속되고 있다. 그런 점에서 그람시의 논의대로 하자면, 현재는 오래된 것은 죽어가지만 새것은 아직 탄생되지 않은 궐위기라고 볼 수 있다. 여기서 벗어나기 위해서는 무엇보다 자본주의 발전의 핵심이라고 할 수 있는 혁신을 바탕으로 한 새로운 자본축적 방식이 필요하다.

북한의 1990년대 경제 위기 역시 기존 사회주의 정치경제 체제의 문제점에 더해 김일성 독재를 위해 경제를 정치에 종속화한 결과로 발생한 유기적 위기이다. 생산성보다 독재 유지 및 강화를 우선시한 당 주도 경제구조의 한계가 여실히 드러난 경제 위기로 인해 주지하다시피 최소 수십만에서 최대 수백만 명이 굶어 죽었다. 생존을 위해 아래로부터 시작된 주민들의 자발적 시장화는 북한 사회에 숨통을 틔어주었고, 2000년대 초반부터는 전진과 후퇴를 반복하면서도 전반적으로 시장화가 진전되면서 북한은 경제 위기 이전과는 다른 사회가 되었다. 특히 김정은 시기에 들어와 시장경제는 안정화 단계에 접어들었다고 볼 수 있다. 하지만 명확한 한계 역시 존재한다. 북한 경제가 생존의 단계를 넘어 본격적으로 성장하기 위해서는 무엇보다 핵개발에 따른 국제사회 제제에서 벗어나야 한다는 것이다. 즉 핵과 전면적인 개혁개방 중 후자를 택해야 한다. 정리하면, 북한 역시 궐위기라고 할 수 있으며, 초보적 단계의 시장화를 넘어 전면적인 개혁과 개방이 궐위기 극복을 위해 반드시 필요한 상황이다. 기존과는 다른 대안적인 자본축적 전략으로 현재 수준의 시장화를 넘어선 보다 진전된 자본주의화가 요구되는 것이다.

궐위기 해소를 위한 새로운 자본축적 전략 _____

북한의 자본주의화가 진전되기 위해서는 무엇보다 한국의 역할이 중요하다. 이를 위해 기존의 남북경협 방식에 대한 재검토가 필요하다. 1945년 분단 이후 남북경협을 통해 남북한 모두 부유해지고, 이를 통해 통일을 앞당기는 것이 많은 이의 꿈이었다. 그러나 1998년 이래 남북경협이 활성화된 이후 마주친 현실은 기대와는 상당히 달랐다. 남북경협을 통해 한국이 얻은 경제적 이익은 지극히 미미했고, 북한은 '모기장식'으로 남북경협을 매우 선별적으로 받아들이면서 결국 한국과 북한의 경제가 체계적으로 연결되지 못했다. 특히 전자는 보수 지지층이 남북경협을 북한에 대한 '퍼주기'라고 주장하는 데 하나의 근거로 작용하면서 남북경협

자체에 대한 부정적 인식을 확산시키기까지 했다.

　이러한 문제의식을 기반으로 필자는 11장에서 새로운 방식의 남북경협을 제안했다. 정보통신기술^{ICT}을 활용하여 남북 경제의 유기적인 연계가 가능하고, 남북한 모두 경제발전을 도모할 수 있는 새로운 남북경협. 바로 B2B 플랫폼을 매개로 한 남북경협 사업이다. 알리바바의 B2B 플랫폼은 중국의 제조업체와 세계의 판매업체를 연결하면서 중국 제조업체의 급격한 성장을 이끌어내며 중국이 '세계의 공장'이 되는 데 이바지했다. B2B 플랫폼을 통한 남북경협의 활성화 역시 큰 성과를 낼 수 있다. 북한의 자본주의 발전을 촉진하고, 한국에서는 혁신에 기반한 창업이 일상화되는 구조를 만들어낼 수 있는 것이다. 이를 통해 우리는 남북한 모두의 경제성장을 추동할 수 있을 뿐만 아니라 한국과 북한 경제의 체계적 연계를 구축함으로써 한반도 경제공동체를 실현하는 데 기여할 수 있다.

　적극적으로 ICT를 활용하는 새로운 단계의 남북경협은 북한의 자본주의화를 진전시켜 궐위기를 해소함으로써 북한 분단블록의 위기를 해소하는 데 크게 기여할 수 있다. B2B 플랫폼을 매개로 한 남북경협은 북한 기업이 한국 기업을 대상으로 제품을 수출하는 방식이다. 그 과정에서 한국 정부와 민간 부문이 자본과 기술 지원을 포함한 많은 혜택을 제공할 테니 북한으로서는 제조업의 도약을 이끌어낼 수 있는 절호의 기회가 될 것이다. 이후 북한의 제조업이 어느 정도 성숙 단계에 이르면, 한국뿐만 아니라 다른

국가에도 B2B 플랫폼을 통해 수출을 꾀할 수 있다.[*]

새로운 단계의 남북경협은 한국의 '혁신 기반' 경제성장에도 도움을 줄 수 있다. 현 시기 한국이 지향해야 할 경제성장 방식은 '창업이 일상화되는' 혁신 기반 경제성장이라고 할 수 있다. 이러한 혁신 기반 경제성장에 기업 규모가 주요 관건이 될 수는 없다. 굳이 대기업이 아니더라도 ICT 발달로 이제는 중소기업과 개인이라도 국내외적으로 쉽게 판로를 확보할 수 있기 때문이다.

혁신 사회는 크게 두 가지의 특성이 있다. 먼저 전기차, 스마트폰과 같이 기존과는 전혀 다른 혁신적 제품을 잘 만들어내는 사회를 혁신 사회라고 할 수 있다. 두 번째로 (창업국가라는 별명을 가진 이스라엘과 같이) 조금의 혁신으로도 쉽게 사업화할 수 있는, 즉 창업이 일상화되는 사회 역시 혁신 사회라고 할 수 있다(Senor·Singer, 2010). 한국은 남북경협을 통해 특히 후자의 혁신을 이루어내는 데 큰 도움을 받을 수 있다. 예컨대 '창업이 일상화되는' 혁신 기반 경제성장을 위해 B2B 시장의 활성화가 필요하다. B2B 플랫폼을 통해 혁신적인 아이디어를 가진 한국의 기업과 일반인들이 '저렴한 비용'으로 손쉽게 자신들의 아이디어를 현실화하여

---

[*] 김정은은 특히 북한의 우수한 IT 인재들을 활용한 단번도약을 선호하는 것으로 알려져 있다. B2B 플랫폼을 매개로 남북경협을 실시하는 것은 북한의 IT 기반 단번도약의 한 방식이 될 수 있다. 예컨대 남북경협투자회사에서 물류를 위해 적합한 서비차업체를 데이터 기반으로 찾고, 그들에게 적합한 운송로를 실시간으로 전송하여 가장 빠른 시간 내에 운송을 마치도록 하는 방식은 단번도약의 하나의 예가 될 수 있다. 물론 아직 초보적인 단계이기는 하지만 이는 '4차 산업혁명'을 북한에 현실화하는 것이기도 하다.

수익을 창출할 수 있기 때문이다.

이처럼 적극적으로 B2B 플랫폼을 활용한다면 규모가 크지 않더라도 북한 내 적합한 사업 파트너를 찾을 수 있고 상당한 비용 절감을 기대할 수 있다. 한국 경제는 여느 다른 국가가 가지지 못한 북한이라는 존재를 통해 경제성장의 도약을 현실화할 수 있는 것이다.

한국의 경제성장 방식을 혁신 기반 경제성장으로 바꾸는 과정은 지극히 어렵고 상당한 시간이 필요하다. 그러한 상황에서 새로운 방식의 남북경협을 매개 또는 추동력으로 삼으면 그 과정을 가속화할 수 있다(남북경협을 통해 '창업이 일상화되는' 혁신 기반 경제성장에 상응하는 한국의 새로운 국가 형태는 슘페터**주의적 복지국가Schumpeterian Welfare State이다***). 또한 남북경협으로 남북한 모두

** 슘페터Joseph Schumpeter는 창조적 파괴를 통한 혁신이야말로 자본주의 성장의 핵심적인 열쇠라고 주장한 경제학자이다.

*** 밥 제솝은 자본주의 축적 체제가 포드주의에서 포스트포드주의로 변함에 따라 복지국가가 부분적 또는 전체적으로 해체되면서 케인스주의적 복지국가Keynesian Welfare State에서 슘페터주의적 근로국가Schumpeterian Workfare State로 바뀐다고 지적한 바 있다. 여기에서 케인스주의적 복지국가란 완전고용과 무덤에서 요람까지의 복지정책을 목표로 하는 국가 형태이며, 슘페터주의적 근로국가란 완전고용에 정책적 우선순위를 두지 않고 노동유연성에 기반한 기업 경쟁력 강화가 이루어지고 복지의 주된 제공자가 국가가 아닌 비국가 행위자가 되는 국가 형태를 말한다(Jessop, 1999). 남북경협을 통해 구현되는 슘페터주의적 복지국가는 남북 간 B2B 플랫폼을 매개로 하는 손쉬운 창업으로 혁신 기반 경제성장이 지속적으로 이루어지면서도 여전히 국가 주도의 복지정책이 실현되는 국가 형태이다. 노동의 유연성과 국가 주도의 복지정책의 융합은 쉽지 않은 문제이지만 노동유연성의 목적이 실업률 감소에 있다고 한다면 '창업의 일상화'가 그 열쇠가 될 수 있다. 즉 국가는 한편으로 창업이 일상화되는 환경을 제공하면서 다른 한편으로 개인에게 창업을 위한 금융 및 교육 서비스를 폭넓게 제공하는 것을 포함한 복지정책 강화를 수행할 수 있다.

수혜를 받는 상황에 이르면 반공주의는 더 이상 한국 땅에 설 자리가 없어진다. 북한을 적으로 간주하는 반공주의는 북한이 적이 아닌 평화와 공동 번영의 파트너라는 인식이 확산되면서 사라질 수밖에 없기 때문이다. 그렇게 되면 수십 년간 지속된 반공주의라는 지배 이데올로기도 더 이상 존재하지 않게 된다. 이러한 과정을 통해 한국 역시 유기적 위기를 극복하면서 궐위기가 해소될 수 있다.

한반도 평화경제공동체와 통일 _____

남북경협을 통해 남북한 각각의 유기적 위기가 극복되면서 궐위기가 해소된다는 것은 경협이 남북 모두에게 윈윈으로 작용하면서 남북 관계를 안정적으로 개선할 수 있다는 의미이다. 즉 경제협력이라는 평화적 방법을 통해 한반도 평화가 실현될 수 있다는 것이며, 갈퉁의 개념으로 풀자면, '구조적 폭력을 경제협력을 통해 구조적 평화로 전환'하는 것이다.

구조적 평화의 실현, 즉 분단구조를 평화구조로 바꾸어내는 것은 분단블록을 평화와 공동 번영을 특징으로 하는 평화블록으로 바꾸는 것이라고 할 수 있다. 기존의 분단블록이 경협을 통해 평화블록으로 바뀌면 그 결과로 남북을 아우르는 한반도 평화경제공동체가 실현되는 것이다. "종교는 분리시키고 상업은 결합시킨다(Religion divides, commerce unites)"(앨리스 T. 호바트)는 명언이 있다. 여기에 종교 대신 이데올로기를, 상업 대신 경제협력을 넣

으면 '한반도는 이데올로기로 인해 분단되었지만 경제협력을 통해 통일이 가능하다'는 의미가 된다. 즉 평화와 공동 번영을 넘어 향후 한반도 통일을 위해서도 남북 경제협력이 관건이다.

남북한의 경제가 긴밀히 연결되는 평화경제공동체 단계를 거치는 통일은 크게 두 가지 염려 내지 두려움을 해소할 수 있다. 즉 비싼 통일 비용에 대한 염려와 통일 단계에서 남북한의 경제력 격차로 인한 사회 혼란에 대한 두려움을 어느 정도 해소할 수 있다. 먼저, 통일 단계에서 북한의 자본주의가 중진 산업국 정도로 발전된 상태라면, 통일 이후 북한에 한국 국민의 세금을 막대하게 쏟아부을 필요가 없기 때문에 통일 비용이 크게 부담되지 않을 것이다. 한국에서 통일 비용에 대한 염려는 특히 독일 통일 이후 서독이 쏟아부은 막대한 자금이 부각되면서 통일에 대한 우려, 심지어 반통일 정서까지 이끌어내고 있다. 관건은 한반도 통일이 어떠한 방식의 통일이냐는 것이다. 독일 통일과 같이 급작스러운 방식이 아니라 점진적 경제교류, 나아가 필자가 제안하는 방식의 긴밀한 경제공동체 단계를 거치는 통일이라면 그 비용을 크게 염려하지 않아도 된다.

통일 이후 북한 지역에서 많은 사람들이 넘어와 남한 사회에 혼란을 일으킬 수 있다는 가능성 역시 통일에 대한 우려와 통일에 반대하는 주장들의 근거가 되고 있다. 하지만 이 역시 평화경제공동체 단계를 거치면 북한 주민들도 자본주의의 진전 덕분에 어느 정도 생활수준이 향상—구체적으로는 한국의 경제성장 정도와 긴밀히 연계되면서 동반 향상―되기 때문에 통일 이후 일자리를 찾아 남한 지역으로 넘어올 주민들의 수는 아무래도 제한적일 수밖에 없다. 따라서 평화경제공동체 단계를 거치는 통일 상황에서는 북한 이주민들의 급증으로 인한 남한 지역의 사회 혼란에 대해서도 두려워할 필요가 없다.

에필로그

포스트코로나 시대의 세계질서와 한반도 넥스트

코로나 팬데믹을 거치면서 우리는 거의 모든 국가가 각자도생을 추구하면서 전 세계적으로 배타성과 자국 우선주의가 팽배해지는 것을 목격했다. 미국 역시 팬데믹 위기를 해소하기 위해 전 세계적 수준의 리더십을 발휘하기는커녕 오히려 이를 라이벌인 중국을 공격하는 데 활용하면서 많은 비난을 받았다. 특히 트럼프 대통령은 직접 코비드-19라는 표현 대신 '우한 바이러스', '중국 바이러스', '쿵플루Kungflu' 같은 용어를 사용하며 중국 때리기China bashing에 열을 올렸고, UN, G7, G20, WHO 등에도 '우한 바이러스'라는 용어를 사용할 것을 요구하면서 자신의 의견이 받아들여지지 않으면 코비드-19 관련 합의를 하지 않는다거나 정해진 분담금을 지원하지 않을 것이라고 위협하기도 했다. 나아가 중국 우한바이러스연구소가 SARSCoV-2를 만들어냈다는 음모론에 동의하면서도 그에 대한 별다른 증거는 제시하지 않았다.

미국에 '신형대국관계'를 요구하며 태평양에서 미국과의 공동리더십을 말해왔던 시진핑의 중국 역시 코로나 팬데믹 상황에서 책임 있는 리더십을 보여주지 못했다. 예컨대 중국 정부는 진원지가 우한이 아니라고 주장하면서 2019년 10월 우한에서 열린 세계군인체육대회에 참가한 미군이 바이러스를 퍼뜨렸다고 주장했다. 나아가 코비드-19가 초래한 위기를 일대일로 정책을 강화하는 기회로 활용하여 미크로네시아, 피지 등 10개 태평양 섬나라에 백신 등 의약품 및 의료 장비 등을 제공하는 대가로 대만과의 단교를 요구하기까지 했다.

국제기구 역시 세계적 대위기 앞에서 제 역할을 하지 못했다. 우선, 가장 막강한 권한을 가진 유엔안보리는 코비드-19에 대한 어떠한 결의안도 채택하지 못한 채 방관하는 모습을 보였다. 여러 가지 이유가 있겠지만 가장 대표적인 것은 상임이사국 중 하나인 미국이 안보리 결의안 도출의 전제 조건으로 '우한 바이러스' 명시를 내세웠고, 중국은 코비드-19를 안보 이슈로 확대하는 데 반대했기 때문이다. 여기에 무엇보다 글로벌 보건 문제를 담당하는 WHO가 코비드-19 발생 초기 안이하게 대응하는 바람에 악화되는 상황에 효과적으로 대응하지 못했다. 코비드-19 발생 초기 WHO 전문가들이 우한에 직접 가서 관련 상황을 조사하려고 했지만 중국 정부가 막아 이루어지지 못했는데도 WHO 수장인

에티오피아 출신의 테워드로스 아드하놈 거브러여수스는 중국이 새로운 감염병에 잘 대처하고 있다고 발표했고 이후에도 연이어 중국 정부의 정보 은폐를 옹호하는 발언들을 했다.

팬데믹 앞에서 미국의 리더십이 흔들리고 중국 역시 대안이 되지 못하며 국제레짐마저 제 기능을 하지 못하는 현재의 상황은 기존 미국 주도의 자유주의 세계질서에 어떤 영향을 미칠 것인가? 이와 관련한 기존 연구를 큰 틀에서 둘로 나눠보자면 한편에서는 코로나 팬데믹이 기존의 세계질서를 전면적으로 바꿀 것이라는 전망이 있다. 이러한 전망에는 코비드-19가 초래한 경제적 위기가 과거 20세기 초 대공황이 그랬던 것처럼 민주주의의 후퇴와 파시즘의 대두를 야기하고, 이로 인해 국가 간 대립이 극대화될 것이라는 주장, 그러한 대립이 과거 2차대전을 발발시켰듯 강대국 간 갈등을 노골화하면서 세계대전을 초래할 수도 있다는 주장, 초강대국 미국뿐만 아니라 중국의 영향력이 크게 약화되면서 어느 한 국가가 초강대국 지위를 갖지 못하는 다극화된 국제사회가 도래할 것이라는 주장 등이 있다.

두 번째로는 코비드-19가 미국 주도의 자유주의 세계질서 자체를 변화시키는 '지정학적 전환점geopolitical turning point'이 되지는 못하고 이미 진행되고 있던 세계질서의 변화를 촉진하는 정도의 변화를 초래할 것으로 예측하는 의견이 있다. 이 관점에서는 과거 스페인독감이 비록 1차대전보다 더 많은 사상자를 야기했으나 세계정치 관점에서의 영향력은 훨씬 적었듯 팬데믹이 야기하는 세계질서 변화는 지극히 제한적일 것이라는 주장, 미국 영향력의 쇠퇴, 강대국을 포함한 각국의 노골적인 자국 이기주의 추구 등 코비드-19가 야기할 것으로 예상되는 여러 가지 변화는 이미 코비드-19 발생 전부터 진행되어온 사안이며 코비드-19는 단지 그러한 변화를 가속화할 뿐이라는 주장, 마찬가지로 코비드-19는 기존 진행되고 있던 세계화의 퇴조를 촉진하고 국제무역·투자·여행에서 새로운 장벽을 세우며 국민의 삶을 보다 제한하는 정부를 야기할 것이라는 주장 등이 있다.

필자는 두 번째 관점에서 이야기하듯 코비드-19가 미국 주도의 자유주의 세계질서 자체를 급격히 전환시키지는 않고 단지 기존에 진행되던 변화를 보다 가속화할 것이라고 생각한다. 현재의 포스트코로나 시대에 우리가 목도하고 있는 세계질서의 변화는 2008년 미국발 세계 경제 위기 당시 헤게모니 국가 미국이 본격적으로 중국을 견제하기 위해 자유주의 세계질서의 재구성에 나서면서 시작된 국면이라고 할 수 있다. 경제 위기 당시 신자유주의의 핵심 엔진이라고 할 수 있는 미국 금융 분야의 불안정성은 세계 대부분 국가에 크나큰 경제적 충격을 주었다. 이로 인해 미국은 그 스스로도 심각한 불황을 겪었을 뿐만 아니라 세계 금융 위기를 촉발한 당사국이 되면서 리더십에 큰 타격을 입었다. 그리고 중국은 이때 처음으로 미국에 대해 자신감을 드러내 보인다. '워싱턴 컨센서스'는 끝났다며 중국 중심의 '베이징 컨센서스'를 앞세워 미국 헤게모니에 도전하는 움직임을 보였던 것이다. 이로

신냉전에서 살아남기

인해 미국은 9·11 테러 이후 중동 및 중앙아시아 이슬람 국가들에 집중했던 대외관계의 관심을 본격적으로 중국에 기울이고 중국을 미국의 패권 경쟁 대상으로 정식화한다. 이후 세계 역사는 미중 패권 경쟁을 중심으로 전개되고 있으며, 초기에는 안보 분야에서 시작된 전선이 현재는 기술 및 경제 분야로까지 확대되면서 미국은 헤게모니 유지를 위해 기존 자유주의 세계질서의 재구성에 나서고 있다.

한편 러시아-우크라이나 전쟁이 계속되는 상황에서 적지 않은 학자, 정치인, 언론인 등은 이번 전쟁이 현재의 세계질서를 크게 바꾸는 역사적 계기가 될 것으로 예측하고 있다. 마이클 버클리와 할 브랜즈는 2022년 3월 14일 〈포린어페어스Foreign Affairs〉에 기고한 글에서 러시아-우크라이나 전쟁은 과거 한국전쟁이 그랬듯이 팍스 아메리카나Pax-Americana 시대를 (다시) 여는 기회가 될 것이라고 주장했다. 그러나 아직 유럽이 2차대전의 참화에서 제대로 회복하지 못하고 있던 1950년 당시의 미국의 힘과 현재의 미국의 힘은 상대적으로 크게 차이가 난다. 무엇보다 미국은 우크라이나를 상대로 전쟁을 일으킨 러시아보다는 중국이 주된 관심사이다. 중국이 러시아-우크라이나 전쟁에 직접 간여하지 않는 이상 전쟁을 기회로 세계질서 새판 짜기에 나설 유인이 없다. 실제로 주식시장과 외환시장에서는 미국이 러시아-우크라이나 전쟁에 직접적으로 개입하지 않고 있는 것을 높이 평가하고 있다. 한편 러시아-우크라이나 전쟁이 야기하는 에너지 위기 가능성으로 인해 유럽과 중국에 대한 경제 전망이 좋지 않은 상황에서 미국으로 세계 자금이 몰리고 있다. 이 때문에 미국이 러시아와 우크라이나 간 휴전에 적극적으로 나서지 않고 있다는 비난도 있으나, 만약 미국이 직접 간여한다면 세계 경제는 또다시 큰 위기에 처할 수밖에 없기 때문에 러시아-우크라이나 전쟁에 관한 미국의 현 자세를 비난하기는 쉽지 않다.

2차대전 이후 형성된 미국 주도의 자유주의 세계질서는 시대적으로 크게 세 개의 변곡점을 지나왔다. 첫 번째는 1971년 금과 달러의 교환 중지를 선언한 닉슨 쇼크와 이로 인한 브레턴우즈 체제의 종말, 두 번째는 1990년을 전후로 이루어진 소련의 붕괴 및 냉전의 해체, 마지막으로 세 번째는 현재 진행 중인 미중 패권 경쟁이다. 앞의 두 변곡점은 미국이 주도하는 자유주의 세계질서의 내용을 변화시켰지만 그럼에도 미국이 헤게모니를 유지하면서 여전히 세계질서를 이끌었다. 마찬가지로 현재의 미중 패권 경쟁도 기존 질서의 내용을 변화시키겠지만 그 방향은 미국 주도 자유주의 세계질서의 재구성 또는 재정립으로 이어질 것으로 보인다. 그리고 코로나 팬데믹은 그러한 변화를 촉진하는 역할을 할 뿐 미국 주도의 자유주의 세계질서 자체를 해체시키지는 못할 것이다.

현재 미국에서는 중국에 대한 견제를 넘어 중국인에 대한 혐오가 매우 심각한 사안으로 부상하고 있다. 과거에는 학자나 정치인이 중국에 대한 견제를 말해도 대부분의 미국인들은 크게 관심을 두지 않았지만 미국이 코비드-19로 인해 가장 피해를 본 국가 중 하나가 되면서 이제 국민들은 적극적으로 정부에 대중국 강경 노선을 요구하고 있다. 물론 코비드-19의 발원지가 중국의 우한이라는 점이 미국 국민들이 중국에 대한 부정적 인식을 갖는 가장 큰 이유가 되었겠지만, 코비드-19에 대한 대처를 두고서도 미국 국민들은 미국과 중국의 차이에 대해 새삼 인지하면서 국가 간 대결을 넘어 정치체제 및 문화 간 대립으로 미중 패권 경쟁을 받아들였다. 예컨대 미국의 자유주의 체제는 팬데믹 상황에서도 개인의 자유를 가급적 보장하려고 한 반면 중국의 권위주의 체제는 바이러스의 확산을 막는다는 이유로 도시 전체의 봉쇄를 서슴지 않았다. 이러한 태도는 미국인들에게 중국 정부가 자유민주주의와 인권을 억압하는 독재 정부라는 인식을 확산시켰다.

국민들의 광범위한 지지 아래 미국 정부의 대중국 강경 노선은 민주당 행정부와 공화당 행정부 상관없이 당분간 지속될 것이다. 하지만 대중 정책 측면에서 두 정당의 차이는 작지 않다. 2021년 1월 취임한 민주당의 바이든 대통령은 전임 정부의 대중국 강경 노선을 이어받으면서도 접근 방식에서는 크게 다음의 세 가지 차이를 보여주고 있다. 첫째, 전임 정부 때 소원해진 동맹관계를 복원하고 동맹국들과의 협력을 강조하는 등 동맹을 대중국 견제에 적극적으로 활용하려고 한다. 둘째, 중국의 인권 문제에 대한 비판 및 대만에 대한 군사적 보호 의지를 보다 노골적으로 표명하고 있다. 셋째, 이전 정부에서와 같이 중국에 대한 고율 관세를 유지하면서도 기술 패권의 유지 및 강화에 중점을 두는데, 이에 대한 수단 역시 과거와는 달리 동맹과의 협력 강화이다. 특히 바이든 행정부는 기술 패권 확보를 위한 구체적인 방법으로 동맹 중심의 글로벌 가치사슬^{GVCs}의 재구성을 도모하는데, 이는 기존 자유주의 세계질서와는 다른 보다 블록화된 자유주의 세계질서를 낳을 수밖에 없다.

이렇듯 세 가지 특징으로 재구성되고 있는 현재의 자유주의 세계질서를 하나의 용어로 정리하면 다자 간, 특히 동맹국과의 협력이 중시되는 '블록화'라고 할 수 있다. 자유주의 세계질서는 유지하면서도 중국을 글로벌 가치사슬에서 배제하는 블록화가 힘을 얻고 있는 이유는 우선 중국 R&D 역량의 급성장과 그에 따른 급속한 기술 성장 때문이다. 예를 들어 4차 산업혁명의 핵심인 인공지능 및 빅데이터 분야에서 중국은 미국을 포함한 기존 선진국들을 크게 위협하고 있다. 이 분야에서는 수집된 데이터가 많을수록 딥 러닝이 정교해지기 때문에 방대한 데이터 구축이 핵심인데, 중국은 엄청난 인구와 느슨한 데이터 규제로 손쉽게 방대한 데이터를 모으고 있으며 그에 기반하여 관련 기술을 급속히 향상시키고 있기 때문이다.

비록 자유주의 세계질서가 중국의 급성장을 돕고 나아가 중국이 미국의 강력한 라이벌로 진화하게 했지만 미국으로서는 자신들에게 여전히 많은 이익을 가져다주는 자유주의 세계질서 자체는 그대로 유지하려고 할 것이다. 특히 첨단 분야 산업 경쟁력이 여전히 가장 높은 미국이 (초강대국이 가장 큰 이익을 보는) 자유주의 세계질서를 폐기할 이유는 없기 때문이다. 따라서 과거 브레턴우즈 체제가 해체될 때 그랬듯이 미국은 자신들에게 유리한 방향으로 기존의 세계질서를 재구성하고 변용하려 할 것이다. 그리고 변화의 방향 중 하나는 미국과 미국의 동맹국들이 하나의 블록을 이루면서 중국을 견제하는 블록화이다.

미국은 많은 원천기술을 보유한 기술 우위국으로서 그에 기반하여 글로벌 가치사슬에서 중국을 아예 축출하려는 정책들을 하나씩 추진하고 있다. 미국 정부의 이러한 조치에 따라 퀄컴, 인텔, AMD, ARM, 구글 등 주요 ICT(정보통신기술) 기업들은 중국 기업들에 기술 및 서비스 이전을 제한하고 있다. 중국의 상위 10대 수출 품목 가운데 8개가 ICT 분야이지만 관련 원천기술이 부족한 중국 기업 입장에서는 매우 큰 타격이 아닐 수 없다. 과거 대중국 견제에 동참하기를 머뭇거렸던 유럽 국가들 역시 현재는 글로벌 가치사슬에서 중국을 배제하려는 미국의 정책에 동조하며 미국 주도의 자유주의 세계질서 재구성에 힘을 보태고 있다. 이는 무엇보다 중국의 경제력 성장이 유럽 국가들에 많은 이익을 가져다주었던 과거와 달리 유럽 국가들을 위협할 수 있을 정도의 수준에 도달했기 때문이다. 특히 중국의 고부가가치 산업인 ICT 분야는 기존의 글로벌 가치사슬 참여를 통해 급성장했다. 예를 들어 중국의 스마트폰 회사들은 과거 3G 환경에서 미디어텍의 범용화된 칩을 활용한 모듈화된 저가 스마트폰을 제작했다. 이후 4G로 네트워크가 진화되면서 퀄컴 칩 기반의 제품 고도화를 실현했으며, 주지하다시피 5G는 중국이 선도국 중 하나이다. 중국은 글로벌 가치사슬에서 세계의 공장으로 기능하면서 한편으로 중국에 생산 공장을 둔 글로벌 기업과의 협력을 통해 기술을 축적하며 글로벌 가치사슬 내 네트워크 중심성을 확보하고 다른 한편으로 강한 내수를 바탕으로 성장을 가속화한 것이다.

현재 한국은 중국 견제를 위한 미국 주도의 블록화에 적극적으로 참여하고 있다. 앞서 이야기한 '방기와 연루의 딜레마'에서 방기되지 않기 위해서라도 미중 간의 기술 패권 전쟁에 연루되는 형국인 것이다. 그러나 블록화 참여는 곧 중국과의 경제 교류를 축소하는 것을 의미하기 때문에 한국이 얻을 수 있는 경제적인 실익은 크지 않다. 미국과 중국 사이에서 가장 이상적인 것은 얻을 수 있는 이익을 최대화하는 것인데, 현재와 같이 미국 주도의 블록화에 한국이 적극적으로 참여하는 것은 이러한 가능성을 차단하는 선택이라고 볼 수 있다. 더군다나 중국이 '신냉전'을 현실로 인식하여 적극적으로 미국의 반대 세력들을 결집시키는 경우 현 상황에서는 북한이 포함될 수밖에 없다. 이렇게 볼 때 현 정부의 선택은 경제적 측면만이 아닌 한반도의 안보 상황 역시 매우 엄중하게 만들 수 있다.

한국이 희망하는 미래는 남북 화해를 바탕으로 한반도 평화와 남북한 공동 번영을 현실화하는 것이다. 미국 주도로 동아시아를 냉전의 시대로 되돌리는 현재의 블록화 참여 대신 최선책인 블록화 저지에 힘을 모으는 외교 활동이 필요하다. 한국은 미국과 중국 대립의 첨병이 아니라 중재자적 역할을 통해 둘 사이의 대립을 미연에 방지하거나 극단으로 치닫는 대립을 완화시켜야 한다. 그것이 우리의 국익을 최대한 도모하고 이를 통해 모두가 상생하는 평화로운 세계 구현에도 이바지하는 길이다. 그리고 이를 가능하게 하는 동력은 남북 화해에 기반한 한반도의 평화일 수밖에 없다. 북한의 위협이 가중되는 상황에서 한국은 미국이 주도하는 대중국 견제의 첨병에 설 수밖에 없는 한계가 있기 때문이다.

| 참고 문헌 |

국문 자료(국역 포함)

고영대(2015), 「중국 겨냥한 미국의 사드 한국 배치」, 『창작과비평』 43(3), 554~565.

곽인옥·임을출(2016), 「평양 시장경제 실태와 특징에 대한 연구」, 『세계북한학 학술대회 자료집』 3, 263~290.

김동성(2017), 「사드 배치를 둘러싼 미·중의 핵전략 게임과 한국의 대응방향」, 『이슈&진단』 275, 1~34.

김동엽(2017), 「사드 한반도 배치의 군사적 효용성과 한반도 미래」, 『국제정치논총』 57(2), 290~327.

김석우·장숙인(2016), 「미국의 대아시아 정책의 변화와 중국의 대응」, 『아태연구』 23(4), 5~31.

김석진(2019), 「최근 북한경제 연구 현황과 과제」, 『통일과 평화』 11(1), 33~78.

김성한(2013), 「중국의 부상과 강대국 정치」, 『전략연구』 59, 5~29.

김용복(2013), 「일본 우경화, 한일관계 그리고 동아시아: 과거사 갈등과 영

신냉전에서 살아남기

토분쟁」,『경제와사회』 99, 36~62.

김일기·채재병(2021),「제8차 노동당 대회와 북한정치: 평가와 전망」,『INSS 전략보고』 131.

김재효(2016),「북한 시장화의 체제전환으로의 가능성」,『동북아공동체 연구재단 보고서』.

김종수·김상범(2021),「북한 김정은 시대 위기와 대응: '인간의 얼굴을 한 수령'과 '인민대중제일주의'의 소환·발전」,『국가안보와 전략』 21(1), 193~226.

김준형(2015),「아베 정부의 안보정책 전환과 미국의 재균형전략: 한·미·일 관계를 중심으로」,『아세아연구』 58(4), 42~71.

김철우(2000),『김정일 장군의 선군정치』, 평양: 평양출판사.

김효은(2021),「북한의 사상과 인민대중제일주의 연구」,『통일정책연구』 30(1), 31~67.

김흥규(2011),「21세기 변화 중의 미중관계와 북핵문제」,『한국과 국제정치』 27(1), 213~245.

김흥규(2013),「중국 핵심이익 연구 소고(小考)」,『동북아연구』 28(2), 291~323.

김흥규(2016),「북한 핵실험과 사드의 국제정치」,『통일정책연구』 25(1), 25~58.

나카노 고이치 저·김수희 역(2016),『우경화하는 일본 정치』, 서울: AK(에이케이 커뮤니케이션즈).

남창희·이원우(2011),「한국의 동맹네트워크 확대와 한중관계 발전 병행 전략: 전략과제 도출을 위한 시론(試論)」,『국제관계연구』 16(2), 5~36.

노컷뉴스(2019. 6. 22), "시진핑 '北의 새로운 전략 노선, 한반도 문제 정치적 해결 노력지지'".

뉴시스(2019. 3. 1), "日정부, 북미회담 결렬에 '안이한 타협 안해 좋다' 안도".

다나카 유키·김유은(2017),「일본인납치문제와 일본의 대북정책: 평양선언과 스톡홀름 합의를 중심으로」,『비교일본학』 41, 21~42.

댄 세노르·사울 싱어(2010), 『창업국가 21세기 이스라엘 경제성장의 비밀』, 서울: 다할미디어.

동아시아연구원외교안보센터(2005), 「미 군사 변환의 세계 전략과 동맹네트워크」, 『국가안보패널정책보고서』 9.

동아일보(2010. 2. 12), "'김정일 화폐개혁 실패 인정…민심잡기 나서' 열린 북한방송 보도".

동아일보(2019. 1. 7), "아베 '한국내 日기업 자산 압류신청, 매우 유감'".

동아일보(2019. 8. 2), "'지소미아 종료' 잇단 환영성명…'한·일관계 새로 설정'".

동아일보(2019. 11. 13), "'文대통령, 15일 에스퍼 美국방 접견…지소미아 논의 주목'".

동아일보(2022. 6. 8), "日, 방위비 5년 내 2배 증액 공식화…동아시아 '긴장 격화' 우려".

로동신문(2021. 9. 21), "사회적 폭발의 시한탄을 안고 있는 자본주의사회".

매일경제(2013. 11. 15), "아베 망언 '한국은 어리석은 국가'…겉과 속 달라?".

매일경제(2019. 8. 10), "트럼프, 한일갈등에 '매우 곤란한 입장…한국과 일본 잘 지내야'".

매일경제(2020. 4. 11), "세습 국회의원 한국 5배…日에는 왜 정치 금수저가 많을까".

매일신문(2016. 2. 10), "日 '북 국적자·선박 입국 원칙적 금지'".

민중의소리(2009. 9. 4), "새로운 일본…주목받는 오자와 패러다임".

박근재(2016), 「사드(THAAD)의 한국 배치를 둘러싼 논란과 정책적 함의」, 『전략연구』 23(1), 37~66.

박병철·주인석(2016), 「아베 정권의 아시아 안보전략과 한·미·일 동맹구도의 변화 전망」, 『통일전략』 16(1), 75~121.

박성황(2018), 「납치 일본인 문제에 나타난 일본의 민족주의 고찰」, 『국제관계연구』 23(2), 67~100.

박영준(2015), 「일본 아베 정부의 보통군사국가화 평가: 국가안보전략서, 집단적 자위권, 미일가이드라인, 안보법제에 대한 종합적 이해」, 『아세아연구』 58(4), 6~41.

박영준(2019), 「한반도 비핵·평화프로세스와 일본 아베 정부의 입장」, 『한국과 국제정치』 35(1).

박종철(2009), 「1960년대 중반의 북한과 중국: 긴장된 동맹」, 『한국사회』 10(2), 125~159.

박철현(2019), 「개혁기 중국의 사회적 변화: 농촌농업, 국유기업, 향진기업, 단위체제, 도농이원구조, 호구제도」, 『진보평론』.

박형중 외 5명(2015), 『한반도 중장기 정세 변동 및 정책 도전 관련 요인의 식별(2015~2030)』, 서울: 통일연구원.

박후건(2018), 「북한 사회주의경제체제의 진화과정에 대한 고찰: 중앙집권적 계획경제에서 사회주의기업책임관리제까지」, 『현대북한연구』 21(2), 94~127.

박휘락(2016), 「사드(THAAD) 배치를 둘러싼 논란에서의 루머와 확증편향」, 『전략연구』 23(1), 5~36.

배성인(2016), 「한반도 사드 배치의 국제정치학」, 『진보평론』 69, 185~214.

변창구(2016), 「박근혜 정부의 국가안보 전략과 사드(THAAD)」, 『통일전략』 16(4), 143~166.

서울경제(2020. 8. 3), "수출규제 WTO 제소서 日 편든 美···한일 분쟁 변수 되나".

서울신문(2018. 3. 27), "김정은 방중설에 '중국을 믿지 마라' 김일성 유훈 다시 주목".

서재정(2015), 「사드와 한반도 군비경쟁의 질적 전환」, 『창작과비평』 43(2), 414~440.

성혜랑(2000), 『등나무집』, 서울: 지식나라.

손기영(2014), 「일본의 보통국가로의 전환과 동북아 안보협력을 위한 한국의 전략: 지역안보협력과 국가정체성이슈의 연계(linkage)를 중심으로」, 『국제관계연구』 19(1), 115~141.

손기영(2017), 「인정과 오인」, 『국제관계연구』 22(2), 115~149.

손열(2016), 「위안부 합의 100일, 한일관계는 어디로」, EAI 논평, 1~3.

손영환(2016), 「사드(THAAD) 체계 소개와 한반도 배치의 함의」, 『국방과 기술』451, 18~31.

신성호·임경한(2012), 「미국의 아시아 올인(All-In) 정책」, 『전략연구』55, 153~186.

양문수(2016), 「김정은 시대 북한의 경제개혁 조치: 중국과 비교의 관점」, 『아세아연구』59(3), 114~159.

양문수·윤인주(2016), 「북한 기업의 사실상의 사유화: 수준과 추세에 관한 정량적 분석」, 『통일연구』20(2), 45~88.

연합뉴스(2010. 8. 9), "일본의 식민지 지배 발언·사과 일지".

연합뉴스(2014. 5. 30), "북일 납치문제 재조사 합의".

연합뉴스(2015. 7. 10), "일본, '징용은 강제노동' ILO보고서도 부정하나".

연합뉴스(2016. 3. 18), "북한의 미래과학자거리".

연합뉴스(2018. 8. 17), "日서 북일수교시 100억달러 지원론 솔솔…'여론반발' 신중론도".

연합뉴스(2018. 11. 6), "日외무상, 외신에 한국 험담…'韓정부, 함께 일하기 어려워'".

연합뉴스(2019. 7. 3), "아베 '약속 안 지키는 국가에 우대조치 못해…WTO 위반 아냐'".

연합뉴스(2019. 7. 8), "'韓 수출관리 부적절 사안' 日주장 실체 있나…한일 신경전".

연합뉴스(2019. 9. 25), "아베, 유엔 연설서 '김정은과 조건없이 만나겠다…트럼프 대북 접근 지지'".

연합뉴스(2019. 11. 5), "北대화찾던 日, 변하나…ASEAN회의서 '北미사일, 결의위반' 비판".

오경숙(2004), 「5·25 교시와 유일사상체계 확립: 구술자료를 중심으로」, 『한국동북아논총』32, 325~344.

오마이뉴스(2019. 8. 5), "'위안부 고통에 반성'…26년 전 일본은 왜 인정했을까?".

요한 갈퉁 저·이재봉 외 역(2000),『평화적 수단에 의한 평화』, 서울: 들녘.

월간조선(2013. 4), "朴槿惠 대통령과 신뢰 구축, 새로운 日韓시대 만들고
싶다".

월간중앙(2019. 8), "북한 헌법 개정으로 본 김정은의 야심".

유영구(2012),「김정은 시대 '유일적 영도체계' 확립: 老·壯·靑년층 배합하
면서 세대교체 단행」,『민족21』5, 36~45.

윤철기(2021),『북한 계획경제의 정치학: 현존 사회주의 지배체제의 성격
(1953~1969년)』, 서울: 선인.

이기완(2013),「일본의 정치변화와 북일관계」,『국제관계연구』18(2),
75~100.

이기완(2014),「'스톡홀름 합의'와 일본의 대북 제재 해제의 배경」,『국제정
치연구』17(2), 155~169.

이기완(2015),「사드와 AIIB를 둘러싼 미중관계와 한국」,『국제정치연구』
18(1).

이민규(2017),「중국의 국가핵심이익 시기별 외연 확대 특징과 구체적인 이
슈」,『중소연구』41(1), 41~75.

이신철(2007),「일본의 우경화 노선 강화와 한일 역사논쟁: 아베정권을 중심
으로」,『한국근현대사연구』40, 222~253.

이지원(2014),「일본의 우경화: 수정주의적 역사인식과 아베식 전후체제 탈
각의 한계」,『경제와사회』101, 53~86.

임사라·양문수(2022),「김정일 시대와 김정은 시대의 경제개혁 조치 비교
연구」,『현대북한연구』25(1), 49~88.

임상순(2013),「납치문제에 대한 일본의 전략과 북한의 대응: 제1차 북·일
정상회담 이후를 중심으로」,『현대북한연구』16(2), 41~85.

자유아시아방송(2022. 6. 7), "북한 코로나로 지역별 차이 심화".

전일욱(2016),「한국 사드(THAAD)배치 결정에 대한 SWOT 분석」,『한국동
북아논총』81(0), 161~181.

전재성(2019),「북핵과 북미 관계: 미국 주도 질서 속 북한의 주권적 지위
문제」,『한국과 국제정치』35(1), 95~126.

조선비즈(2020. 12. 7), "상소 기능 마비된 WTO…韓·日, 양자간 중재 돌입하나".

조선일보(2012. 7. 11), "'성노예' 표현 쓴 클린턴 '모든 문서에 〈위안부〉 금지'".

조선일보(2014. 3. 17), "가장 좋아하는 南대통령은 박정희 45%·김대중 32%".

조선일보(2016. 2. 13), "시진핑에 실망한 대통령 '中역할 기대 말라'".

조선일보(2018. 3. 7), "중국 위협에…베트남, 혈전 치렀던 미국 항모 대대적 환영".

조선일보(2019. 7. 8), "'근거 없는 안보카드'로 공격나선 아베".

조선일보(2021. 6. 17), "中 공산당에 찍힌 마윈, 몸 낮추고 그림 그리며 지낸다".

중앙일보(2007. 7. 31), "일본의 오만과 오판이 결의안 채택 자초했다".

중앙일보(2012. 4. 13), "'중국 믿지 마라, 김정남을…' 김정일 유서 공개".

중앙일보(2018. 6. 2), "북한은 '서비차' 물류혁명 중…휴대전화 주문, 어디든 배송".

중앙일보(2018. 11. 15), "北에 바람맞았던 日정보관, 몽골서 김성혜와 회담".

중앙일보(2019. 3. 12), "'日부총리, 징용소송 보복조치로 〈송금·비자발급 정지〉 검토 언급'".

지주형(2011), 『한국 신자유주의의 기원과 형성』, 서울: 책세상.

차문석(2001), 『반노동의 유토피아』, 서울: 박종철출판사.

최강(2008), 「한미 동맹 현황과 발전을 위한 과제: 제3차 한미정상회담 결과를 중심으로」, 『주요국제문제분석』, 외교안보연구원.

최용환(2016), 「외교안보 이슈: 북한 조선노동당 7차 당대회, 평가와 과제」, 경기연구원.

최은미(2019), 「북일 납치문제에 대한 아베내각의 인식 및 방침 변화 분석: '소신표명연설'과 '시정방침연설'을 중심으로」, 『국가전략』 25(4), 109~138.

최정준(2018), 「미국의 동북아시아 냉전전략과 샌프란시스코 체제의 형성:

전후 영토문제와 배상문제를 중심으로」, 『동서연구』 30(1), 111~141.

한겨레(2013. 8. 4), "'군위안부 강제동원 사과' 고노담화 20년, 사문화 될판".

한겨레(2018. 6. 17), "아베 '불신 껍데기 깨고 전진하고 싶어'…김정은에 '러브콜'".

한겨레(2019. 1. 27), "'82층 아파트' 북 여명거리 1년만에 완공…비결은 '돈주'".

한겨레(2021. 1. 26), "아베, 한국 심장에 '비수'를 들이대다".

한센동(2021), 「최근의 북중 관계: 변화와 전망」, 『Sungkyun China Brief』 9(4), 78~85.

헤럴드경제(2018. 5. 2), "옥류·만물상 '클릭'…北전자상거래 급성장".

Daily NK(2010. 1. 5), "피의 숙청 '심화조 사건'의 진실을 말한다".

Daily NK(2016. 9. 2), "북한에선 허울뿐인 김일성 주체사상만 남았다".

Daily NK(2022. 1. 14), "北, '식량 형편 긴장해있다'는데 쌀값 비교적 안정세…이유는?".

KOTRA 해외시장뉴스(2016. 7. 19), "중국, 협력과 견제 함께하는 베트남의 먼 이웃나라".

SPN서울평양뉴스(2021. 4. 26), "北 자체 인프라 활용한 전자상거래 꾸준히 발전 중".

영문 자료

Cha, Victor(2017), Informal hierarchy in Asia: The origins of the U.S.-Japan alliance, International Relations of the Asia-Pacific, 17(1), 1~34.

Choi, Yong Sub(2017), North Korea's Hegemonic Rule and Its Collapse, The Pacific Review, 30(5), 783~800.

Choi, Yong Sub(2020), Overcoming the division bloc and its limitations: a Gramscian approach to South Korean social formation, Third World Quarterly, 41(10), 1707~1722.

Department of Defense(1999), Report to Congress on Theater Missile Defense Architecture Options for the Asia-Pacific Region, Washington DC: Department of Defense.

Gramsci, Antonio(1971), Selections from the Prison Notebooks, London: Lawrence and Wishart.

Green, Michael·Hicks, Kathleen·Cancian, Mark(2016), Asia-Pacific Rebalance 2025: Capabilities, Presence, and Partnerships, CSIS.

Guha, Ranajit(1997), Dominance without hegemony: History and power in colonial India, Cambridge, MA: Harvard University Press.

Kim, Byung-Yeon·Kim, Suk Jin·Lee, Keun(2007), Assessing the Economic Performance of North Korea, 1954 – 1989: Estimates and Growth Accounting Analysis, Journal of Comparative Economics, 35(3), 564~582.

Kim, Yonho(2019), North Korea's Mobile Telecommunications and Private Transportation Services in the Kim Jong-un Era, HRNK Insider, 1.

Kornai, Janos(1992), The Socialist System: The Political Economy of Communism, Princeton: Princeton University Press.

Lipietz, Alain(1987), Mirages and Miracles: Crisis in Global Fordism, London: Verso.

Park, Jae Jeok(2011), The US-led alliances in the Asia-Pacific: hedge against potential threats or an undesirable multilateral security order? The Pacific Review, 24(2), 137~158.

Poulantzas, Nicos(1975), Classes in Contemporary Capitalism, London: New Left Books.

Rinehart, Ian E., et al.(2015), Ballistic Missile Defence in the Asia-Pacific Region: Cooperation and Opposition, Congressional Research Service, 3 April.

Sherman, Wendy R.(2015), Remarks on Northeast Asia, Carnegie

신냉전에서 살아남기

Endowment for International Peace, U.S. Department of State, Washington, D.C..

Smith, Hazel(2015), Markets and Military Rule, Cambridge, UK: Cambridge University Press.

Stangler, Dane·Litan, Robert E.(2009), Where will the jobs come from?, Kauffman Foundation Research Series.

Suzuki, Shogo(2019), Japanese revisionists and the 'Korea threat': insights from ontological security, Cambridge Review of International Affairs, 32(3), 303~321.

The Wall Street Journal(2012. 8. 23), "U.S. Plans New Asia Missile Defenses."

| 찾아보기 |

기타

지은이 최용섭

고려대학교 서양사학과를 졸업한 후 연세대학교 국제학대학원에서 국제안보를, 북한대학원대학교에서 북한 정치를 공부했다. 영국 외무성장학금으로 수학한 워릭대학교 정치국제학과에서 정치학 박사 학위를 받았으며, 〈The Pacific Review〉, 〈Contemporary Security Policy〉 등 다수의 유명 해외 학술저널에 기고했다. 서울대학교 국제대학원 강사 등을 거쳐 지금은 선문대학교 국제관계학과 교수로 재직하고 있다.

저서로『재벌을 위해 당신이 희생한 15가지』등이 있으며, 〈Third World Quarterly〉에 게재한「분단블록의 극복과 그 한계: 그람시 이론을 통한 한국 사회구성체 분석(Overcoming the division bloc and its limitations: a Gramscian approach to South Korean social formation)」으로 2021년 한국정치학회 학술상(논문 부문)을 수상하였다.

신냉전에서
살아남기
한국의 외교적 자율성을 위한 12가지 질문

발행일	2022년 10월 10일 (초판 1쇄)
지은이	최용섭
펴낸이	이지열
펴낸곳	미지북스
	서울시 마포구 잔다리로 111(서교동 468-3) 401호
	우편번호 04003
	전화 070-7533-1848 팩스 02-713-1848
	mizibooks@naver.com
	출판 등록 2008년 2월 13일 제313-2008-000029호
편집	이지열, 서재왕
본문디자인	정연남
출력	상지출력센터
인쇄	한영문화사
ISBN	979-11-90498-42-5 03340
값	15,800원

블로그 http://mizibooks.tistory.com
트위터 http://twitter.com/mizibooks
페이스북 http://facebook.com/pub.mizibooks